中财传媒版 2024 年注册会计师

全国统一考试辅导系列丛书·注定会赢®

税　法

要 点 随 身 记

财政部中国财经出版传媒集团　组编

中国财经出版传媒集团
中国财政经济出版社
·北京·

图书在版编目（CIP）数据

税法要点随身记/财政部中国财经出版传媒集团组编．-- 北京：中国财政经济出版社，2024.2
（中财传媒版 2024 年注册会计师全国统一考试辅导系列丛书．注定会赢）（2024.6 重印）
ISBN 978 – 7 – 5223 – 2862 – 1
Ⅰ.①税…　Ⅱ.①财…　Ⅲ.①税法 – 中国 – 资格考试 – 自学参考资料　Ⅳ.①D922.22
中国国家版本馆 CIP 数据核字（2024）第 022917 号
责任编辑：汪娟娟　　　　　　　　　责任校对：徐艳丽

中国财政经济出版社 出版
URL：http：//www.cfeph.cn
E – mail：cfeph@cfeph.cn

社址：北京市海淀区阜成路甲 28 号　邮政编码：100142
营销中心电话：010 – 88191522
天猫网店：中国财政经济出版社旗舰店
网址：https：//zgczjjcbs.tmall.com
固安华明印业有限公司印刷　各地新华书店经销
成品尺寸：100mm × 140mm　64 开　7.25 印张　240 000 字
2024 年 2 月第 1 版　2024 年 6 月河北第 2 次印刷
定价：28.00 元
ISBN 978 – 7 – 5223 – 2862 – 1
（图书出现印装问题，本社负责调换，电话：010 – 88190548）
打击盗版举报热线：010 – 88191661　QQ：2242791300

前　　言

为帮助广大考生全面理解2024年注册会计师考试大纲和考试辅导教材内容，在有限的复习时间内掌握教材知识和考点，顺利通过考试，中国财经出版传媒集团组织多年从事注册会计师考试辅导的名师、专家编写了“中财传媒版2024年注册会计师全国统一考试辅导系列丛书·注定会赢”。该套丛书紧扣2024年考试大纲和考试教材内容，包括“通关题库”“五年真题详解”“要点随身记”“全真模拟试题”四个系列，涵盖了专业阶段考试的六个科目，即会计、审计、财务成本管理、经济法、税法和公司战略与风险管理。

本书为“要点随身记”系列，该系列是记忆锦囊的口袋书，以要点和表格的形式，总结、提炼教材中的知识点，便于考生利用碎片化时间，随时随地温故知新、高效学习。

中财传媒版“注定会赢”系列注册会计师考试辅导丛书，具有各科知识点全面覆盖、重点难点精准掌握、基础知识稳扎稳打、题目题型针对贴切等特点，与注册会计师全国统一考试辅导教材相得益彰，四个系列图书助力读者不同复习阶段的备考。

希望这套图书能帮助您攻克每一个学习难关，衷心祝愿各位考生顺利通过注册会计师考试。

目　　录

第一章　税法总论

本章要点提示

考情解读

根据历年考情分析，本章只考核客观题，不会考核主观题，分值在 2 分左右。其中，税法原则、税法要素、税收立法为本章高频考点。

备考指南

本章主要介绍了税法基本原理等知识点。整体而言本章学习有一定难度，并且本章内容繁杂，重要考点不明显，建议考生在复习时以理解为主。另外，建议考生学习第二至第十一章实体税法后，再学习一次本章内容。

教材变化

2024 年本章新增内容：

（1）在税收与税法的概念中，增加了税收与税法的关系内容。

（2）明确了税种要素的范围。

（3）在税法种类中，增加了按照税法是否容易转嫁，可分为直接税和间接税。

要点 1 税收与税法

<table>
<tr><th>要点</th><th colspan="2">具体内容</th></tr>
<tr><td rowspan="2">税收</td><td>概念</td><td>是政府为了满足社会公共需要，凭借政治权力，强制、无偿地取得财政收入的一种形式</td></tr>
<tr><td>内涵</td><td>1. 税收，是国家取得财政收入的一种重要工具，其本质是一种分配关系。
2. 国家征税的依据是政治权力，有别于按生产要素进行的分配，税收分配是以国家为主体进行的分配。
3. 国家征税的目的是满足社会公共需要</td></tr>
<tr><td rowspan="2">税法</td><td>概念</td><td>是用以调整国家与纳税人之间在征纳税方面的权利及义务关系的法律规范的总称</td></tr>
<tr><td>特点</td><td>1. 义务性法规，以规定纳税人的义务为主，纳税人的权利是建立在其纳税义务的基础之上，处于从属地位。
2. 综合性法规，它是由一系列单行税收法律法规及行政规章制度组成的体系</td></tr>
</table>

要点② 税收法律关系

<table>
<tr><th>要点</th><th colspan="2">具体内容</th></tr>
<tr><td rowspan="3">构成</td><td>主体</td><td>1. 一方是代表国家行使征税职责的国家各级税务机关和海关。
2. 一方是履行纳税义务的法人、自然人和其他组织
提示 双方法律地位相等</td></tr>
<tr><td>客体</td><td>是税收法律关系主体的权利、义务所共同指向的对象，即征税对象
提示 征税对象，包括物（有形动产、不动产、无形资产）、行为（劳务、服务）、所得等</td></tr>
<tr><td>内容</td><td>主体所享有的权利和所应承担的义务，这是税收法律关系中最实质的东西，也是税法的灵魂</td></tr>
<tr><td>变动</td><td colspan="2">税收法律关系的产生、变更与消灭必须由税收法律事实来决定。
提示 税收法律事实，分为税收法律事件和税收法律行为</td></tr>
<tr><td>保护</td><td colspan="2">保护对权利主体双方是平等的，同时对其享有权利的保护就是对其承担义务的制约，不能只对一方保护，而对另一方不予保护</td></tr>
</table>

要点 3 税法原则

（一）税法基本原则（四项）

具体原则	含义
税收法定原则（核心）	1. 税收要件法定原则：有关纳税人、课税对象、课税标准等税收要件必须以法律形式作出规定，且有关课税要素的规定必须尽量明确。 2. 税务合法性原则：税务机关按法定程序依法征税，不得随意减征、停征或免征，无法律依据不征税
税收公平原则	1. 包括税收横向公平和纵向公平，即税收负担必须根据纳税人的负担能力分配，负担能力相等，税负相同；负担能力不等，税负不同。 2. 禁止对特定纳税人给予歧视性待遇，也禁止在没有正当理由的情况下给予特定纳税人特别优惠
税收效率原则	1. 指经济效率。 2. 指行政效率
实质课税原则	应根据客观事实确定是否符合课税要件，并根据纳税人的真实负担能力决定纳税人的税负，而不能仅考虑相关外观和形式

（二）税法适用原则（六项）

具体原则	含义
法律优位原则	效力低的税法与效力高的税法发生冲突时，效力低的税法即是无效的
法律不溯及既往原则	新法实施后，之前人们的行为不适用新法，而只能沿用旧法
新法优于旧法原则	新旧法对同一事项有不同规定时，新法的效力优于旧法
特别法优于普通法原则	对同一事项两部法律分别有一般和特别规定时，特别规定的效力高于一般规定的效力
实体从旧、程序从新原则	实体法不具备溯及力，程序法在特定条件下具备一定的溯及力
程序优于实体原则	在税收“争讼”发生时，程序法优于实体法，以保证国家课税权的实现

要点4 主要税法要素

税法要素一般包括：总则、纳税人（不包括扣缴义务人）、征税对象、税目、税率、纳税环节、纳税期限、纳税地点、减税免税、罚则、附则11个要素。既包括实体法，也包括程序法。税种要素通常包含纳税义务人、征税对象、税目、税率、纳税环节、纳税期限、纳税地点、减税免税（税收优惠），等等。两者大体上是等同的关系。

主要要素	具体含义
纳税人	纳税义务人又称纳税主体（以下简称“纳税人”），是税法规定的直接负有纳税义务的单位和个人，解决的是对谁征税的问题。 提示 与纳税人相关的概念，包括代扣代缴义务人、代收代缴义务人。代扣代缴义务人、代收代缴义务人均可称为“扣缴义务人”
征税对象	又称课税对象、征税客体，指税法规定对什么征税，是征纳税双方权利义务共同指向的客体或标的物，是区别一种税与另一种税的重要标志

续表

主要要素	具体含义
税目	在税法中对征税对象（进一步）分类规定的具体征税项目。反映征税的具体范围，是对课税对象“质”的界定，税目体现了征税的广度
税率	1. 税率，是对征税对象的征收比例或征收额度，分为比例税率、定额税率和累进税率。 2. 税率是计算税额的尺度，也是衡量税负轻重与否的重要标志。 3. 税率体现着征税的深度
纳税环节	指征税对象在从生产到消费的流转过程中，应当缴纳税款的环节。按照某种税征税环节的多少，可将税种分为一次课征制或多次课征制
纳税期限	指税法规定的关于税款缴纳时间即纳税时间方面的限定。 提示 与纳税期限相关的概念，包括纳税义务发生时间、缴库期限等

要点 5 税收立法机关

立法机关	法律渊源	举例
全国人大及常委会	税收法律	《企业所得税法》《资源税法》等 12 部税收法律和《税收征收管理法》
国务院	税收行政法规	《企业所得税法实施条例》《税收征收管理法实施细则》等
财政部、国家税务总局和海关总署	税收规章	《增值税暂行条例实施细则》等

学习心得

要点6　税务机构设置和税收征收管理范围划分

（一）税务机构设置

1. 中央政府设立国家税务总局。
2. 省及省级以下设置为省、市、县三级税务局。
3. 海关总署及下设机构。

（二）税收征收管理范围划分

征管主体	负责征管的税种
税务系统	增值税；消费税；车辆购置税；城市维护建设税；企业所得税；个人所得税；资源税；城镇土地使用税；耕地占用税；土地增值税；房产税；车船税；印花税；契税；烟叶税；环境保护税
海关系统	关税；船舶吨税；代征进出口环节的增值税、消费税

要点7 税收收入划分

要点	具体规定（税种）
中央固定收入	消费税（含进口环节海关代征部分）；车辆购置税；关税；船舶吨税；海关代征的进口环节增值税
地方固定收入	房产税；城镇土地使用税；耕地占用税；土地增值税；车船税；契税；烟叶税；环境保护税
中央、地方共享收入	增值税（不含海关代征的增值税）；城市维护建设税；企业所得税；个人所得税（除储蓄存款利息所得的个人所得税外）；印花税（证券交易印花税归中央，其他印花税归地方）；资源税（海洋石油企业资源税归中央，其他资源税归地方）

提示1 增值税收入，中央政府分享50%，地方政府分享50%。

提示2 环境保护税，全部作为地方收入。

提示3 从2019年1月1日起，各项社会保险费交由税务部门统一征收。

要点8 税务权利与义务

征纳双方	权利	义务
税务机关和税务人员	1. 负责税收征收管理工作。 2. 税务机关依法执行职务，任何单位和个人不得阻挠	1. 宣传税收法律、行政法规，普及纳税知识，无偿地为纳税人提供纳税咨询服务。 2. 负责征收、管理、稽查，行政复议人员的职责应当明确，并相互分离、相互制约。 3. 为检举人保密。 4. 实行回避制度
纳税人、扣缴义务人	1. 有权了解国家税收法律、行政法规的规定，以及与纳税程序有关的情况。 2. 有权要求税务机关为纳税人、扣缴义务人的情况保密。税务机关应当为纳税人、扣缴义务人的情况保密。	1. 依法纳税：纳税人、扣缴义务人必须依照法律、行政法规的规定缴纳税款、代扣代缴、代收代缴税款。 2. 依法提供信息：纳税人、扣缴义务人和其他有关单位应当按照国家有关规定如实向税务机关提供与纳税和代扣代缴、代收代缴税款有关的信息。

续表

征纳双方	权利	义务
纳税人、扣缴义务人	3. 依法享有申请减税、免税、退税的权利。 4. 对税务机关所作出的决定，享有陈述权、申辩权；依法享有申请行政复议、提起行政诉讼、请求国家赔偿等权利。 5. 有权控告和检举税务机关、税务人员的违法违纪行为	3. 依法接收检查：纳税人、扣缴义务人和其他有关单位应当接受税务机关依法进行的税务检查

学习心得

要点⑨ 发展涉税专业服务促进税法遵从

要点	内容
涉税专业服务机构	包括：税务师事务所；从事涉税专业服务的会计师事务所、律师事务所、代理记账机构、税务代理公司、财税类咨询公司等
涉税专业服务机构涉税业务	包括：纳税申报代理；一般税务咨询；专业税务顾问；税收策划；涉税鉴证；纳税情况审查，如接受行政机关、司法机关委托，依法对企业纳税情况进行审查，作出专业结论；其他税务事项代理，如代理建账记账、发票领用、减免退税申请等税务事项
涉税专业服务机构的监管	1. 税务机关，应当对税务师事务所实施行政登记管理； 2. 税务机关对涉税专业服务机构及其从事涉税服务人员进行实名制管理

第二章　增值税法

本章要点提示

考情解读

根据历年考情分析，本章为考试的重点章节，客观题、主观题均会考核，特别是综合题每年必考，分值在18分左右。其中，增值税征税范围、税率、一般纳税人应纳税额的计算、税收优惠为本章高频考点。

备考指南

本章主要介绍了增值税知识点。作为重点章节，考生需要掌握纳税人、征税范围、税率、应纳税额的计算、税收优惠、征收管理等知识点。整体而言本章学习有一定的难度，需要掌握的知识点很多，一般纳税人应纳税额的计算特别复杂。另外，本章经常会结合消费税、城市维护建设税、关税、资源税、企业所得税一并考核，考生需要高度重视。

教材变化

1. 2024年本章新增内容：

（1）增加了“境内单位和个人向国内海关特殊监管区域及场所内的单位或个人提供的应

税服务，不属于增值税零税率应税服务适用范围”的内容。

（2）增加了为支持小微企业和个体工商户发展的征收率的规定。

（3）增加了对海关代征进口环节增值税开具的增值税专用缴款书上标明有两个单位名称情形下，进项税额的抵扣规定。

（4）增加了对一般纳税人会计核算不健全，或者不能够提供准确税务资料，或者应当办理一般纳税人资格登记而未办理情形下不得抵扣进项税的规定。

（5）增加了先进制造业企业加计抵减政策。

（6）增加了应税服务提供者提供适用增值税零税率的应税服务的规定。

（7）增加了提供航天运输服务，增值税免抵退税计税依据。

2. 2024 年本章调整内容：

（1）删除了视同销售行为中的第④项关于“将自产、委托加工的货物用于非应税项目”的规定。

（2）调整了对商业企业收取的各种返还收入冲减当期增值税进项税金的计算公式。

（3）删除了扣减进项税额的规定。

（4）大幅调整了增值税减免税、先征后退、起征点、扣减规定等税收优惠制度。

（5）删除了新办纳税人首次申领增值税发票规定。

要点 1 征税范围一般规定

（一）概述

要点	具体内容
销售或进口货物	货物是指有形动产，包括电力、热力、气体在内
销售劳务	劳务是指加工、修理修配劳务
销售服务	7 项（后续详述）
销售无形资产	包括技术、商标、著作权、商誉、自然资源使用权和其他权益性无形资产
销售不动产	包括建筑物、构筑物等

（二）销售服务的具体内容

要点	具体内容
交通运输服务	1. 出租车公司向使用本公司自有出租车的出租车司机收取的管理费用，按照“陆路运输服务”缴纳增值税。

续表

要点	具体内容
交通运输服务	2. 水路运输的程租、期租业务，属于水路运输服务。 3. 航空运输的湿租业务属于航空运输服务。 4. 航天运输服务按照“航空运输服务”缴纳增值税。 5. 无运输工具承运业务按照“交通运输服务”缴纳增值税
邮政服务	包括邮政普遍服务、邮政特殊服务和其他邮政服务
电信服务	卫星电视信号落地转接服务，按照“增值电信服务”缴纳增值税
建筑服务	1. 固定电话、有线电视、宽带、水、电、燃气、暖气等经营者向用户收取的安装费、初装费、开户费、扩容费以及类似收费，按照“安装服务”缴纳增值税。 2. 物业服务企业为业主提供的装修服务，按照“建筑服务”缴纳增值税。 3. 纳税人将建筑施工设备出租给他人使用并配备操作人员的，按照“建筑服务”缴纳增值税

续表

要点	具体内容
金融服务	货币资金投资收取的固定利润或者保底利润，按照贷款服务缴纳增值税。 提示 金融商品持有期间（含到期）取得的非保本的上述收益，不属于利息或利息性质的收入，不征收增值税
现代服务	1. 宾馆、旅馆、旅社、度假村和其他经营性住宿场所提供会议场地及配套服务的活动，按照“会议展览服务”缴纳增值税。 2. 将建筑物、构筑物等不动产或者飞机、车辆等有形动产的广告位出租给其他单位或者个人用于发布广告，按照“经营租赁服务”缴纳增值税。 3. 车辆停放服务、道路通行服务（包括过路费、过桥费、过闸费等）等按照“不动产经营租赁服务”缴纳增值税。 4. 翻译服务和市场调查服务按照“咨询服务”缴纳增值税。 5. 拍卖行受托拍卖取得的手续费或佣金收入，按照“经纪代理服务”缴纳增值税。 6. 纳税人提供安全保护服务，比照劳务派遣服务政策，属于人力资源服务。

续表

要点	具体内容
现代服务	7. 纳税人对安装运行后的机器设备提供的维护保养服务，按照“其他现代服务”缴纳增值税
生活服务	1. 纳税人在游览场所经营索道、摆渡车、电瓶车、游船等取得的收入，按照“文化体育服务”缴纳增值税。 2. 提供餐饮服务的纳税人销售的外卖食品，按照“餐饮服务”缴纳增值税，但销售的外卖食品，必须是自产的产品。 3. 纳税人现场制作食品并直接销售给消费者，按照“餐饮服务”缴纳增值税。 4. 纳税人提供植物养护服务，按照“其他生活服务”缴纳增值税

（三）“租”的归纳

项目	税目
将飞机、车辆等有形动产的广告位出租给其他单位或者个人用于发布广告	属于有形动产经营租赁服务

续表

项目	税目
将建筑物、构筑物等不动产的广告位出租给其他单位或者个人用于发布广告	属于不动产经营租赁服务
车辆停放服务、道路通行服务（包括过路费、过桥费、过闸费等）	属于不动产经营租赁服务
水路运输的程租、期租业务	属于水路运输服务
航空运输的湿租业务	属于航空运输服务
纳税人将建筑施工设备出租给他人使用并配备操作人员	属于建筑服务
融资性售后回租业务取得的利息及利息性质的收入	属于贷款服务

学习心得

要点② 征税范围特殊规定

（一）特殊项目

征税的特殊项目	不征税的特殊项目
1. 对经营单位销售罚没物品的应照章征收增值税。 2. 纳税人取得的财政补贴收入，与其销售货物、劳务、服务、无形资产、不动产的收入或者数量直接挂钩的，应按规定计算缴纳增值税。 3. 单用途卡售卡方因发行或者销售单用途卡并办理相关资金收付结算业务取得的手续费、结算费、服务费、管理费等收入，应按照现行规定缴纳增值税	1. 罚没物品，其变价或拍卖收入作为罚没收入由执罚部门和单位如数上缴财政，不予征收增值税。 2. 纳税人取得的与销售收入或数量不直接挂钩的其他情形的财政补贴收入，不属于增值税应税收入，不征收增值税。 3. 融资性售后回租业务中，承租方出售资产的行为不属于增值税的征税范围，不征收增值税。 4. 药品生产企业销售自产创新药的销售额，为向购买方收取的全部价款和价外费用，其提供给患者后续免费使用的相同创新药不属于增值税视同销售范围。 5. 根据国家指令无偿提供的铁路运输服务、航空运输服务，属于用于公益事业的服务，不征收增值税。

续表

征税的特殊项目	不征税的特殊项目
	6. 存款利息不征收增值税。 7. 被保险人获得的保险赔付不征收增值税。 8. 房地产主管部门或者其指定机构、公积金管理中心、开发企业以及物业管理单位代收的住宅专项维修资金，不征收增值税。 9. 纳税人在资产重组过程中，通过合并、分立、出售、置换等方式，将全部或者部分实物资产以及与其相关联的债权、负债和劳动力一并转让给其他单位和个人，不属于增值税的征税范围。 10. 单用途卡发卡企业或售卡企业销售单用途卡，或者接受单用途卡持卡人充值取得的预收资金，不缴纳增值税

（二）特殊行为

视同销售行为（货物）	1. 将货物交付其他单位或者个人代销。 2. 销售代销货物。 3. 设有两个以上机构并实行统一核算的纳税人，将货物从一个机构移送至其他机构用于销售，但相关机构设在同一县（市）的除外。 4. 自产或委托加工的货物用于投资、分配、赠送、非应税项目、集体福利、个人消费。 5. 外购的货物用于投资、分配、赠送
混合销售行为	1. 从事货物的生产、批发或者零售的单位和个体工商户的混合销售，按照销售货物缴纳增值税。 2. 其他单位和个体工商户的混合销售，按照销售服务缴纳增值税 提示 纳税人销售活动板房、机器设备、钢结构件等自产货物的同时提供建筑、安装服务，不属于《营改增通知》规定的混合销售，应分别核算货物和建筑服务的销售额，分别适用不同的税率或征收率。

要点③ 纳税人

规模	情形	纳税人
年应征增值税销售额超过500万元	一般情形	一般纳税人
	其他个人	小规模纳税人
	非企业单位、不经常发生应税行为的单位和个体工商户	可选择小规模纳税人身份
年应征增值税销售额500万元及以下	一般情形	小规模纳税人
	会计核算健全	一般纳税人

学习心得

要点 4 税率

税率	具体规定	
基本税率 13%	1. 销售或进口货物（除适用 9% 税率货物外）；2. 销售劳务；3. 销售有形动产租赁服务	
较低税率 9%	货物	1. 粮食等农产品、食用植物油、食用盐、鲜奶；2. 自来水、暖气、冷气、热水、煤气、石油液化气、天然气、二甲醚、沼气、居民用煤炭制品；3. 图书、报纸、杂志、音像制品、电子出版物；4. 饲料、化肥、农药、农机、农膜；5. 国务院及其有关部门规定的其他货物
	服务、无形资产、不动产	1. 交通运输服务；2. 邮政服务；3. 基础电信服务；4. 建筑服务；5. 不动产租赁服务；6. 销售不动产；7. 转让土地使用权

续表

税率	具体规定
低税率6%	1. 增值电信服务；2. 金融服务；3. 现代服务（租赁除外）；4. 生活服务；5. 销售无形资产（不含转让土地使用权）
零税率	1. 出口货物；2. 境内单位和境内个人跨境销售国务院规定范围内的服务、无形资产

学习心得

要点⑤ 征收率

增值税征收率适用于两种情况：一是小规模纳税人；二是一般纳税人发生应税销售行为按规定可以选择简易计税方法计税的。

提示 2027年12月31日前，对月销售额10万元以下（含本数）的增值税小规模纳税人，免征增值税；小规模纳税人适用3%征收率的应税销售收入，减按1%征收率征收增值税；适用3%预征率的预缴增值税项目，减按1%预征率预缴增值税。

（一）征收率3%

征收率	一般纳税人可以选择简易计税方法计税
3%	1. 县级及县级以下小型水力发电单位生产的自产电力。 2. 自产建筑用和生产建筑材料所用的砂、土、石料。 3. 以自己采掘的砂、土、石料或其他矿物连续生产的砖、瓦、石灰。 4. 自己用微生物、微生物代谢产物、动物毒素、人或动物的血液或组织制成的生物制品。 5. 自产的自来水。

续表

征收率	一般纳税人可以选择简易计税方法计税
3%	6. 自来水公司销售自来水。 7. 自产的商品混凝土（仅限于以水泥为原料生产的水泥混凝土）。 8. 单采血浆站销售非临床用人体血液。 9. 寄售商店代销寄售物品（包括居民个人寄售的物品在内）。 10. 典当业销售死当物品。 11. 药品经营企业销售生物制品。 12. 公共交通运输服务。 13. 动漫企业为开发动漫产品提供的动漫脚本编撰、形象设计等服务，以及在境内转让动漫版权。 14. 电影放映服务、仓储服务、装卸搬运服务、收派服务和文化体育服务。 15. 提供物业管理服务的纳税人，向服务接受方收取的自来水水费，以扣除其对外支付的自来水水费后的余额为销售额，按照简易计税方法依照3%的征收率计算缴纳增值税。 16. 资管产品管理人运营资管产品过程中发生的增值税应税行为。 17. 以清包工方式、甲供工程、建筑工程老项目提供的建筑服务。

续表

征收率	一般纳税人可以选择简易计税方法计税
3%	18. 一般纳税人销售自产或外购机器设备的同时提供安装服务，应分别核算机器设备和安装服务的销售额，安装服务可以按照甲供工程选择适用简易计税方法计税。 19. 提供非学历教育服务。 20. 从事再生资源回收的一般纳税人销售其收购的再生资源。 21. 生产销售和批发零售抗癌药品、罕见病药品，可选择简易计税方法依照3%征收率计算。 22. 非企业性单位中的一般纳税人提供的研发和技术服务、信息技术服务、鉴证咨询服务，以及销售技术、著作权等无形资产，可以选择简易计税方法依照3%征收率计算。 提示 上述纳税人选择简易办法计算缴纳增值税后，36个月内不得变更

（二）征收率3%减按2%征收

项目	计税公式
一般纳税人销售自己使用过的属于规定不得抵扣且未抵扣进项税额的固定资产	应纳税额＝销售额÷(1＋3%)×2%
小规模纳税人（除其他个人外）销售自己使用过的固定资产，减按2%的征收率征收增值税	应纳税额＝销售额÷(1＋3%)×2%
纳税人销售旧货	应纳税额＝销售额÷(1＋3%)×2%

提示 纳税人销售自己使用过的固定资产，适用简易办法依照3%的征收率减按2%征收增值税政策的，可以放弃减税，按照简易办法依照3%的征收率缴纳增值税，并可以开具增值税专用发票。

税务处理	具体内容
征收率 3% 减按 1% 征收	自 2023 年 1 月 1 日至 2027 年 12 月 31 日，小规模纳税人适用 3% 征收率的应税销售收入，减按 1% 征增值税（调整）
征收率 3% 减按 0.5% 征收	对从事二手车经销的纳税人销售其收购的二手车，按照简易办法依 3% 征收率减按 0.5% 征收增值税（调整）

（三）征收率 5%

<table>
<tr><th colspan="2">项目</th><th>具体内容</th></tr>
<tr><td rowspan="3">与房地产相关项目</td><td rowspan="3">销售不动产</td><td>一般纳税人选择简易计税方法销售不动产。
提示 2016 年 4 月 30 日前的不动产</td></tr>
<tr><td>小规模纳税人销售不动产</td></tr>
<tr><td>其他个人销售不动产</td></tr>
</table>

续表

<table>
<tr><th colspan="2">项目</th><th>具体内容</th></tr>
<tr><td rowspan="3">与房地产相关项目</td><td rowspan="3">出租不动产</td><td>一般纳税人选择简易计税方法的出租不动产。
提示 2016 年 4 月 30 日前的不动产</td></tr>
<tr><td>小规模纳税人出租不动产</td></tr>
<tr><td>其他个人出租不动产。
提示 个人出租住房，应按照 5% 的征收率减按 1.5% 计算应纳税额</td></tr>
<tr><td colspan="2" rowspan="3">其他项目</td><td>纳税人提供劳务派遣，选择差额纳税</td></tr>
<tr><td>一般纳税人提供人力资源外包服务，选择适用简易计税方法</td></tr>
<tr><td>纳税人提供安全保护服务，选择差额纳税</td></tr>
</table>

要点⑥　一般销售方式的销售额

销售额中包含的项目	销售额中不包含的项目
1. 向购买方收取的全部价款。 2. 向购买方收取的价外费用	1. 向购买方收取的销项税额。 2. 受托加工应征消费税的消费品所代收代缴的消费税。 3. 符合条件的代垫运输费用。 4. 同时符合条件的代收政府性基金或者行政事业性收费。 5. 以委托方名义开具发票代委托方收取的款项。 6. 销售货物的同时代办保险等而向购买方收取的保险费，以及向购买方收取的代购买方缴纳的车辆购置税、车辆牌照费

提示　价外费用和逾期包装物押金视为含增值税的收入，应换算为不含税收入再并入销售额。

要点 7 特殊销售方式的销售额

项目	具体内容
折扣方式	1. 折扣销售（商业折扣）：折扣额可以从销售额中扣减。 2. 销售折扣（现金折扣）：折扣额不得从销售额中减除。 3. 销售折让：折让额可以从销售额中减除
以旧换新方式销售	1. 一般货物：按新货物同期销售价格确定销售额，不得扣减旧货物的收购价格。 2. 金银首饰：按销售方实际收取不含税销售价格确定销售额（按差价）
还本方式销售	销售额就是货物销售价格，不得扣减还本支出
以物易物方式销售	双方均作购、销处理，以各自发出的应税销售行为核算销售额并计算销项税额，以各自收到的货物、劳务、服务、无形资产、不动产核算购货额并计算进项税额

续表

项目	具体内容	
包装物押金	一般货物以及啤酒、黄酒	收取时不缴纳增值税；逾期缴纳增值税
	白酒和其他酒	发取时缴纳增值税；逾期不缴纳增值税
直销企业的销售额	1. 直销企业—直销员—消费者：销售额为向直销员收取的全部价款和价外费用。 2. 直销企业（直销员）—消费者：销售额为向消费者收取的全部价款和价外费用	
贷款方式	全部利息及利息性质的收入为销售额	
直接收费金融服务	以提供直接收费金融服务收取的手续费、佣金、酬金、管理费、服务费、经手费、开户费、过户费、结算费、转托管费等各类费用为销售额	

要点 8 按差额确定的销售额

项目	具体内容
金融商品转让的销售额	卖出价－买入价（转让金融商品出现的正负差，按盈亏相抵后的余额为销售额；若相抵后出现负差，可结转下一纳税期与下期转让金融商品销售额相抵，但年末时仍出现负差的，不得转入下一个会计年度）
经纪代理服务的销售额	以取得的全部价款和价外费用扣除向委托方收取并代为支付的政府性基金或者行政事业性收费后的余额为销售额
融资租赁和融资性售后回租业务的销售额	1. 提供融资租赁服务： 销售额＝取得的全部价款和价外费用－支付的借款利息（包括外汇借款和人民币借款利息）－发行债券利息－车辆购置税 2. 提供融资性售后回租服务： 销售额＝取得的全部价款和价外费用（不含本金）－支付的借款利息（包括外汇借款和人民币借款利息）－发行债券利息

续表

项目	具体内容
航空运输企业的销售额	以取得的全部价款和价外费用扣除代收的机场建设费和代售其他航空运输企业客票而代收转付的价款后的余额为销售额
客运场站服务销售额	以取得的全部价款和价外费用扣除支付给承运方运费后的余额为销售额
旅游服务销售额	以取得的全部价款和价外费用扣除向旅游服务购买方收取并支付给其他单位或者个人的住宿费、餐饮费、交通费、签证费、门票费以及支付给其他接团旅游企业的旅游费用后的余额为销售额
房地产开发企业销售自行开发不动产销售额	（选择简易计税方法的房地产老项目除外）以取得的全部价款和价外费用扣除受让土地时向政府部门支付的土地价款后的余额为销售额

要点9 视同发生应税销售行为的销售额

具体内容
1. 按照纳税人最近时期发生同类应税销售行为的平均价格确定（看自己）
2. 按照其他纳税人最近时期发生同类应税销售行为的平均价格确定（看他人）
3. 按照组成计税价格确定，其计算公式为： 组成计税价格 = 成本 × (1 + 成本利润率) 组成计税价格 = 成本 × (1 + 成本利润率) + 消费税

提示1 在该货物不缴纳消费税的情况下，成本利润率为10%。

提示2 如果该货物缴纳消费税，则组成计税价格 = 成本 × (1 + 成本利润率) + 消费税，成本利润率由国家税务总局确定。

要点⑩ 准予从销项税额中抵扣的进项税额

（一）凭票抵扣

1. 增值税专用发票。
2. 机动车销售统一发票。
3. 海关进口增值税专用缴款书。
4. 代扣代缴税款完税凭证。
5. 增值税电子普通发票。（道路通行费、国内旅客运输服务）

（二）农产品计算抵扣

计算抵扣	从按照简易计税方法依照3%的征收率计算缴纳增值税的小规模纳税人取得增值税专用发票的，以增值税专用发票上注明的金额和9%的扣除率计算进项税额
	按照农产品收购发票或者销售发票上注明的农产品买价和9%的扣除率计算的进项税额

续表

特殊抵扣	纳税人购进用于生产销售或委托加工13%税率货物的农产品，按照10%的扣除率计算进项税额

（三）农产品核定扣除

1. 以购进农产品为原料生产销售液体乳及乳制品、酒及酒精、植物油的增值税一般纳税人纳入农产品增值税进项税额核定扣除定点范围
2. 试点纳税人购进农产品直接销售： 当期允许抵扣进项税额 = 当期销售农产品数量 ÷（1 − 损耗率）× 农产品平均购买单价 × 9% ÷（1 + 9%）
3. 试点纳税人购进农产品用于生产经营且不构成货物实体的： 当期允许抵扣进项税额 = 当期耗用农产品数量 × 农产品平均购买单价 × 扣除率 ÷（1 + 扣除率）

（四）收费公路通行费的进项税额抵扣

道路通行费	按照收费公路通行费增值税电子普通发票上注明的增值税税额抵扣进项税额
桥、闸通行费	桥、闸通行费可抵扣进项税额＝桥、闸通行费发票上注明的金额÷（1＋5%）×5%

（五）国内旅客运输服务进项税额抵扣

增值税专用发票	发票上注明的税额
增值税电子普通发票	
旅客身份信息的航空运输电子客票行程单	航空旅客运输进项税额＝（票价＋燃油附加费）÷（1＋9%）×9%
注明旅客身份信息的铁路车票	铁路旅客运输进项税额＝票面金额÷（1＋9%）×9%
注明旅客身份信息的公路、水路等其他客票	公路、水路等其他旅客运输进项税额＝票面金额÷（1＋3%）×3%

要点11 不得从销项税额中抵扣的进项税额

（一）用于简易计税方法计税项目、免征增值税项目、集体福利或者个人消费的

项目	专用于简易、免征增值税项目、集体福利或者个人消费的	兼用于简易、免征增值税项目、集体福利或者个人消费的
购进货物	不得抵扣进项税额	不得抵扣的进项税额 = 当期无法划分的全部进项税额 ×（当期简易计税方法计税项目销售额 + 免征增值税项目销售额）÷ 当期全部销售额
固定资产、无形资产（其他权益性无形资产除外）、不动产		进项税额可以全部抵扣
其他权益性无形资产	进项税额可以全部抵扣	

提示 有下列情形之一的，应当按照销售额和增值税税率计算应纳税额，不得抵扣进项税额，也不得使用增值税专用发票：

(1) 一般纳税人会计核算不健全，或者不能够提供准确税务资料的。

(2) 应当办理一般纳税人资格登记而未办理的。

（二）非正常损失

1. 非正常损失的购进货物，在产品、产成品所耗用的购进货物（不包括固定资产）、劳务和交通运输服务。

2. 非正常损失的不动产以及该不动产、不动产在建工程所耗用的购进货物、设计服务和建筑服务。

提示 非正常损失，是指因管理不善造成货物被盗、丢失、霉烂变质以及违反法律法规造成货物、不动产被依法没收、销毁、拆除的情形。非正常损失产生的增值税不得抵扣进项税额，需作进项税额转出处理。

（三）其他不得抵扣的情形

1. 购进的贷款服务、餐饮服务、居民日常服务、娱乐服务。

2. 纳税人接受贷款服务向贷款方支付的与该笔贷款直接相关的投融资顾问费、手续费、咨询费等费用，其进项税额不得从销项税额中抵扣。

（四）不得抵扣进项税额的税务处理

1. 购入时不予抵扣	计入成本
2. 已抵扣后用途改变等原因不得抵扣进项税额	进项税额转出处理： （1）一般情况：进项税额转出 = 成本 × 税率 （2）农产品：进项税额转出 = 成本/（1 − 扣除率）× 扣除率 （3）固定资产、不动产：不得抵扣的进项税额 = 已抵扣进项税额 × 不动产净值率

要点⑫ 进项税额的加计抵减政策

要点	具体内容
行业	生产、生活性服务业（邮政服务、电信服务、现代服务、生活服务）；先进制造业（新增）
政策	1. 自2023年1月1日起至2023年12月31日止，生产性服务业纳税人按照当期可抵扣进项税额加计5%，抵减应纳税额；生活性服务业纳税人按照当期可抵扣进项税额加计10%，抵减应纳税额。 2. 自2023年1月1日起至2027年12月31日，允许先进制造业企业按照当期可抵扣进项税额加计5%抵减应纳增值税税额
计提公式	当期计提加计抵减额＝当期可抵扣进项税额×规定比例 当期可抵减加计抵减额＝上期末加计抵减额余额＋当期计提加计抵减额－当期调减加计抵减额

续表

要点	具体内容
加计抵减规则	1. 抵减前的应纳税额等于零的，当期可抵减加计抵减额全部结转下期抵减。 2. 抵减前的应纳税额大于零，且大于当期可抵减加计抵减额的，当期可抵减加计抵减额全额从抵减前的应纳税额中抵减。 3. 抵减前的应纳税额大于零，且小于或等于当期可抵减加计抵减额的，以当期可抵减加计抵减额抵减应纳税额至零；未抵减完的当期可抵减加计抵减额，结转下期继续抵减
不得计提加计抵减额的业务	1. 纳税人出口货物劳务、发生跨境应税行为不适用加计抵减政策，其对应的进项税额不得计提加计抵减额。 2. 纳税人兼营出口货物劳务、发生跨境应税行为且无法划分不得计提加计抵减额的进项税额，按照以下公式计算： 不得计提加计抵减额的进项税额＝当期无法划分的全部进项税额×当期出口货物劳务和发生跨境应税行为的销售额÷当期全部销售额

要点13　进项税额不足抵扣的处理

（一）结转抵扣

销项税额不足抵扣进项税额的部分可以结转下期继续抵扣。

（二）退还留抵税额

项目	具体内容
留抵退税条件	1. 自2019年4月税款所属期起，连续6个月（按季纳税的，连续2个季度）增量留抵税额均大于0，且第6个月增量留抵税额不低于50万元。 2. 纳税信用等级为A级或者B级。 3. 申请退税前36个月未发生骗取留抵退税、出口退税或虚开增值税专用发票情形的。 4. 申请退税前36个月未因偷税被税务机关处罚2次及以上的。 5. 自2019年4月1日起未享受即征即退、先征后返（退）政策的
留抵退税的计算	1. 一般企业： 允许退还的增量留抵税额=增量留抵税额×进项构成比例×60% 2. 部分先进制造业、符合条件的小微企业（含个体工商户）、制造业、批发零售业等行业企业：

续表

项目	具体内容
留抵退税的计算	允许退还的增量留抵税额 = 增量留抵税额 × 进项构成比例 3. 自2022年4月1日起，允许列举企业全额退还增值税增量留抵税额并一次性退还存量留抵税额；2022年7月1日，进一步扩大了范围，将上述制造业等行业按月全额退还增值税增量留抵税额、一次性退还存量留抵税额的政策范围，扩大至“批发和零售业”“农林牧渔业”“住宿和餐饮业”“居民服务、修理和其他服务业”“教育”“卫生和社会工作”和“文化、体育和娱乐业”企业（含个体工商户）。 4. 允许退还的留抵税额计算公式： 允许退还的增量留抵税额 = 增量留抵税额 × 进项构成比例 × 100% 允许退还的存量留抵税额 = 存量留抵税额 × 进项构成比例 × 100%

要点14 进口环节增值税的征收

要点	具体税额
征税范围	1. 根据《增值税暂行条例》的规定，申报进入中华人民共和国海关境内的货物，均应缴纳增值税。 2. 从其他国家或地区进口《跨境电子商务零售进口商品清单》范围内的商品适用于跨境电子商务零售进口增值税税收政策
纳税人	1. 进口货物的收货人（承受人）或办理报关手续的单位和个人。 2. 代理进口货物，以海关开具完税凭证上的纳税人为增值税纳税人。 3. 购买跨境电子商务零售进口商品的个人作为纳税人。电子商务企业、电子商务交易平台企业或物流企业可作为代收代缴义务人
税率	13%、9%、0（单次交易限值为人民币 5 000 元，个人年度交易限值为人民币 26 000 元以内进口的跨境电子商务零售进口商品，关税税率暂设为 0）
应纳税额	组成计税价格 = 关税完税价格 + 关税 + 消费税 应纳税额 = 组成计税价格 × 税率

要点⑮ 生产企业出口货物免抵退税的计算

要点	具体内容
生产企业出口货物免抵退税的计算	1. 当期应纳税额的计算。 (1) 当期应纳税额=当期销项税额-(当期进项税额-当期不得免征和抵扣税额) (2) 当期不得免征和抵扣税额=当期出口货物离岸价×外汇人民币折合率×(出口货物适用税率-出口货物退税率)-当期不得免征和抵扣税额抵减额 (3) 当期不得免征和抵扣税额抵减额=当期免税购进原材料价格×(出口货物适用税率-出口货物退税率) 2. 当期“免、抵、退”税额的计算。 (1) 当期“免、抵、退”税额=当期出口货物离岸价×外汇人民币折合率×出口货物退税率-当期“免、抵、退”税额抵减额 (2) 当期“免、抵、退”税额抵减额=当期免税购进原材料价格×出口货物退税率 3. 当期应退税额和留抵(免抵)税额的计算。 (1) 当期期末留抵税额≤当期“免、抵、退”税额,则: 当期应退税额=当期期末留抵税额

续表

要点	具体内容
生产企业出口货物免抵退税的计算	当期免抵税额 = 当期“免、抵、退”税额 - 当期应退税额 （2）当期期末留抵税额 > 当期“免、抵、退”税额，则： 当期应退税额 = 当期“免、抵、退”税额 当期免抵税额 = 0

学习心得

要点16 外国驻华使（领）馆及其馆员在华购买货物和服务增值税退税

要点	具体内容
适用范围	外国驻华使（领）馆及其馆员在中华人民共和国境内购买货物和服务
不适用增值税退税政策	1. 购买非合理自用范围内的生活办公类货物和服务。 2. 购买货物单张发票销售金额（含税价格）不足800元人民币（自来水、电、燃气、暖气、汽油、柴油除外），购买服务单张发票销售金额（含税价格）不足300元人民币。 3. 使（领）馆馆员个人购买货物和服务，除车辆和房租外，每人每年申报退税销售金额（含税价格）超过18万元人民币的部分，不适用增值税退税政策。 4. 增值税免税货物和服务
退税的计算	申报退税的应退税额，为增值税发票上注明的税额。 如发票上未注明税额的，则：增值税应退税额 = 发票金额（含增值税）÷(1 + 适用税率)×适用税率

要点 17　境外旅客购物离境退税政策

要点	具体内容
退税物品	境外旅客本人在退税商店购买且符合退税条件的个人物品
境外旅客申请退税，应当同时符合的条件	1. 同一境外旅客同一日在同一退税商店购买的退税物品金额达到500元人民币。 2. 退税物品尚未启用或消费。 3. 离境日距退税物品购买日不超过90天。 4. 所购退税物品由境外旅客本人随身携带或随行托运出境
退税物品的退税率	1. 适用13%税率的境外旅客购物离境退税物品，退税率为11%。 2. 适用9%税率的境外旅客购物离境退税物品，退税率为8%
应退增值税税额的计算公式	应退增值税税额=退税物品销售发票金额（含增值税）×退税率
退税方式	退税币种为人民币，退税方式有现金退税和银行转账退税两种方式。退税额未超过10 000元的，可自行选择退税方式；退税额超过10 000元的，以银行转账方式退税

要点18 纳税人（不含房地产开发企业销售自行开发的房地产项目）转让不动产

（一）一般纳税人转让其取得的不动产

时间	采取方法	取得来源	预缴税款（不动产所在地）	申报纳税（机构所在地）
2016年4月30日前取得	一般计税方法	非自建项目	增值税＝转让差额÷（1＋5%）×5%	增值税＝转让全额÷（1＋9%）×9%－进项税额－预缴税款
		是自建项目	增值税＝转让全额÷（1＋5%）×5%	增值税＝转让全额÷（1＋9%）×9%－进项税额－预缴税款
	简易计税方法	非自建项目	增值税＝转让差额÷（1＋5%）×5%	0
		是自建项目	增值税＝转让全额÷（1＋5%）×5%	0
2016年5月1日后取得	一般计税方法	与2016年4月30日前取得采用一般计税方法相同		

提示　转让差额＝取得的全部价款和价外费用－不动产购置原价或者取得不动产时的作价

（二）小规模纳税人转让其取得的不动产（除个人转让住房外）

取得来源	预缴税款（不动产所在地）	申报纳税（机构所在地）
非自建项目	增值税＝转让差额÷(1＋5%)×5%	0
是自建项目	增值税＝转让全额÷(1＋5%)×5%	0

（三）个人（个体工商户和其他个人）转让其购买的住房

	购买不足2年转让	购买超过2年（含2年）转让	
		北上广深	其他地区
普通住房	全额征收5%增值税	免征增值税	免征增值税
非普通住房		（卖出价－买入价）÷(1＋5%)×5%	

要点 19 纳税人跨县（市、区）提供建筑服务

纳税人	计税方法	预缴税款（建筑服务发生地）	申报纳税（机构所在地）
一般纳税人	适用一般计税方法	差额÷(1+9%)×2%	增值税=销售额全额÷(1+9%)×9%－进项税额－预缴税款
	选择简易计税方法（老项目）	差额÷(1+3%)×3%	0
小规模纳税人	简易计税方法		

提示 差额=全部价款和价外费用－支付的分包款

要点20　纳税人提供不动产经营租赁服务

纳税人	计税方法	预缴税款 （不动产所在地）	申报纳税 （机构所在地）
一般纳税人	适用一般计税方法	预缴税款 = 含税销售额全额 ÷（1 + 9%）× 3%	增值税 = 含税销售额全额 ÷（1 + 9%）× 9% － 进项税额 － 预缴税款
	选择简易计税方法（老项目）	预缴税款 = 含税销售额全额 ÷（1 + 5%）× 5%	0
小规模纳税人	简易计税方法		

项目	个体工商户	其他个人
出租住房	预缴税款（不动产所在地）= 含税销售额 ÷（1 + 5%）× 1.5%	申报纳税（不动产所在地）= 含税销售额 ÷（1 + 5%）× 1.5%
	申报纳税（机构所在地）：0	

续表

项目	个体工商户	其他个人
出租非住房	预缴税款（不动产所在地）= 含税销售额 ÷（1 + 5%）× 5%	申报纳税（不动产所在地）= 含税销售额 ÷（1 + 5%）× 5%
	申报纳税（机构所在地）：0	

学习心得

要点21 房地产开发企业销售自行开发的房地产项目

纳税人	项目分类	计税方法	预缴税款	申报纳税
一般纳税人	新项目	适用一般计税方法	预收款÷(1+9%)×3%	应纳税款=(含税全价-土地价款)÷(1+9%)×9%-进项税额-预缴税款
	老项目	(选择)适用简易计税方法	预收款÷(1+5%)×3%	应纳税款=含税全价÷(1+5%)×5%-预缴税款

学习心得

要点22 《增值税暂行条例》规定的免税项目（货物）

要点	具体内容
销售货物涉及的免税规定	1. 农业生产者销售的自产农产品。 2. 避孕药品和用具。 3. 古旧图书，是指向社会收购的古书和旧书。 4. 直接用于科学研究、科学试验和教学的进口仪器、设备。 5. 外国政府、国际组织无偿援助的进口物资和设备。 6. 由残疾人的组织直接进口供残疾人专用的物品。 7. 销售自己使用过的物品。自己使用过的物品是指其他个人自己使用过的物品。 8. 免征蔬菜、部分鲜活肉蛋产品流通环节增值税。 9. 除豆粕以外的其他粕类饲料产品，均免征增值税。 10. 制种行业免征增值税。 11. 纳税人生产销售和批发、零售符合标准的有机肥产品免征增值税。 12. 自2019年1月1日至2025年12月31日，对单位或者个体工商户将自产、委托加工或购买的货物通过公益性社会组织、县级及以上人民政府及其组成部门和直属机构，或直接无偿捐赠给目标脱贫地区的单位和个人，免征增值税。

续表

要点	具体内容
销售货物涉及的免税规定	13. 海南离岛免税店销售离岛免税商品免征增值税和消费税的处理。 14. 自2023年1月1日至2025年12月31日，对国家综合性消防救援队伍进口国内不能生产或性能不能满足需求的消防救援装备，免征关税和进口环节增值税、消费税。 15. 2027年12月31日以前，对边销茶生产企业销售自产的边销茶及经销企业销售的边销茶免征增值税。 16. 为进一步支持深化文化体制改革，2027年12月31日以前，党报、党刊将其发行、印刷业务及相应的经营性资产剥离组建的文化企业，自注册之日起所取得的党报、党刊发行收入和印刷收入免征增值税。 17. 2027年12月31日以前，继续对国产抗艾滋病病毒药品免征生产环节和流通环节增值税。 18. 2027年12月31日以前，免征图书批发、零售环节增值税。 19. 对饮水工程运营管理单位向农村居民提供生活用水取得的自来水销售收入，免征增值税。

续表

要点	具体内容
销售货物涉及的免税规定	20. 至2027年供暖期结束，对供热企业向居民个人（以下简称“居民”）供热取得的采暖费收入免征增值税。 21. 2027年12月31日以前，对经国务院批准对外开放的货物期货品种保税交割业务，暂免征收增值税

学习心得

要点23 《营改增通知》的税收优惠

要点	具体内容
民生服务类	1. 托儿所、幼儿园提供的保育和教育服务。 2. 养老机构提供的养老服务。 3. 残疾人福利机构提供的育养服务。 4. 婚姻介绍服务。 5. 殡葬服务。 6. 残疾人员本人为社会提供的服务。 7. 医疗机构提供的医疗服务。 8. 家政服务企业由员工制家政服务员提供家政服务取得的收入
文化教育类	1. 从事学历教育的学校提供的教育服务。 2. 学生勤工俭学提供的服务。 3. 境外教育机构与境内从事学历教育的学校开展中外合作办学，提供学历教育服务取得的收入免征增值税。 4. 政府举办的从事学历教育的高等、中等和初等学校，举办进修班、培训班取得的全部归该学校所有的收入。

续表

要点	具体内容
文化教育类	5. 政府举办的职业学校设立的学校出资、收入归学校的企业，从事“现代服务”（不含融资租赁服务、广告服务和其他现代服务）、“生活服务”（不含文化体育服务、其他生活服务和桑拿、氧吧）业务活动取得的收入。 6. 纪念馆、博物馆、文化馆、文物保护单位管理机构、美术馆、展览馆、书画院、图书馆在自己的场所提供文化体育服务取得的第一道门票收入。 7. 寺院、宫观、清真寺和教堂举办文化、宗教活动的门票收入。 8. 个人转让著作权

学习心得

要点24 增值税即征即退

要点	具体内容
增值税即征即退的规定	1. 一般纳税人销售其自行开发生产的软件产品，对其增值税实际税负超过3%的部分实行增值税即征即退政策。 2. 一般纳税人提供管道运输服务，对其增值税实际税负超过3%的部分实行增值税即征即退政策。 3. 经批准从事融资租赁业务的一般纳税人，提供有形动产融资租赁服务和有形动产融资性售后回租服务，对其增值税实际税负超过3%的部分实行增值税即征即退政策

学习心得

要点25 增值税先征后退

增值税先征后退的规定	具体内容
增值税100%先征后退(出版物在出版环节)	1. 中国共产党和各民主党派的各级组织的机关报纸和机关期刊，各级人大、政协、政府、工会、共青团、妇联、残联、科协的机关报纸和机关期刊，新华社的机关报纸和机关期刊，军事部门的机关报纸和机关期刊。 2. 专为少年儿童出版发行的报纸和期刊，中小学的学生教科书。 3. 专为老年人出版发行的报纸和期刊。 4. 少数民族文字出版物。 5. 盲文图书和盲文期刊。 6. 经批准在内蒙古、广西、西藏、宁夏、新疆五个自治区内注册的出版单位出版的出版物。 7. 列入《财政部 税务总局关于延续实施宣传文化增值税优惠政策的公告》(财政部 税务总局公告2023年第60号，以下简称2023年第60号)附件1的图书、报纸和期刊

续表

增值税先征后退的规定	具体内容
增值税 50% 先征后退（出版物在出版环节）	1. 各类图书、期刊、音像制品、电子出版物，但按规定执行增值税 100% 先征后退的出版物除外。 2. 列入 2023 年第 60 号附件 2 的报纸
增值税 100% 先征后退（印刷、制作业务）	1. 对少数民族文字出版物的印刷或制作业务。 2. 列入 2023 年第 60 号附件 3 的新疆维吾尔自治区印刷企业的印刷业务
免征增值税	科普单位的门票收入，以及县级及以上党政部门和科协开展科普活动的门票收入

要点26 财政部、国家税务总局规定的其他征免税项目

1. 增值税起征点的规定：

（1）按期纳税的，为月销售额5 000～20 000元（含本数）。

（2）按次纳税的，为每次（日）销售额300～500元（含本数）。

（3）对增值税月销售额10万元以下（含本数）的增值税小规模纳税人，免征增值税。

2. 金融企业发放贷款后应收未收利息的增值税处理：

金融企业发放贷款后，自结息日起90天内发生的应收未收利息按现行规定缴纳增值税，自结息日起90天后发生的应收未收利息暂不缴纳增值税，待实际收到利息时按规定缴纳增值税。

3. 个人销售自购住房的征免增值税处理：

个人将购买不足2年的住房对外销售的，按照5%的征收率全额缴纳增值税；个人将购买2年以上（含2年）的住房对外销售的，免征增值税。上述政策适用于北京市、上海市、广州市和深圳市之外的地区。个人将购买2年以上（含2年）的非普通住房对外销售的，以销售收入减去购买住房价款后的差额按照5%的征收率缴纳增值税；个人将购买2年以上（含2年）的普通住房对外销售的，免征增值税。上述政策仅适用于北京市、上海市、广州市和深圳市。

4. 新支线飞机和民用喷气式飞机的增值税优惠规定

要点27 纳税义务发生时间

要点		具体规定
发生应税销售行为		收讫销售款项或者取得索取销售款项凭据的当天，先开发票的，为开具发票的当天
进口货物		为报关进口的当天
销售货物	赊销和分期收款方式	书面合同约定的收款日期的当天。书面合同没有约定收款日期或者无书面合同的，为货物发出的当天
	预收货款方式	货物发出的当天
	托收承付和委托银行收款方式	发出货物并办妥托收手续的当天
	委托其他纳税人代销货物	收到代销单位的代销清单或收到全部（部分）货款的当天，未收到代销清单及货款的，为发出代销货物满180天的当天

续表

要点	具体规定
销售劳务	为提供劳务同时收讫销售款或者取得索取销售款的凭据的当天
除委托其他纳税人代销之外的视同销售货物	为货物移送的当天
租赁服务采用预收款	为收到预收款的当天
金融商品转让	为金融商品所有权转移的当天
视同销售的应税行为服务、无形资产	转让完成的当天或者不动产权属变更的当天

学习心得

第三章　消费税法

本章要点提示

考情解读

根据历年考情分析，本章为考试的重点章节，客观题、主观题均会考核，特别是计算问答题每年基本会考核，分值在9分左右。其中，消费税纳税人、税目、计税依据、应纳税额的计算为本章高频考点。

备考指南

本章主要介绍消费税的相关知识点。和其他税种一样，考生需要掌握或熟悉纳税人、征税范围（税目）、税率、计税依据、应纳税额的计算、征收管理等知识点。整体而言本章学习难度不大，但本章考试分值较高，每年基本会考核主观题，考生需要高度重视。

教材变化

2024年本章教材无实质性内容变化。

要点1 增值税和消费税的关系

要点	增值税	消费税
征税范围	1. 销售或进口货物。 2. 提供应税劳务。 3. 销售服务。 4. 转让无形资产。 5. 销售不动产	1. 生产销售应税消费品。 2. 委托加工应税消费品。 3. 进口应税消费品。 4. 零售应税消费品（金银首饰、铂金首饰、钻石及钻石饰品；超豪华小汽车）。 5. 批发应税消费品（卷烟、电子烟）
纳税环节	多环节征税	单环节纳税（卷烟、电子烟、超豪华小汽车双环节征税）
计税依据	从价定率	从价定率、从量定额、复合计税
与价格关系	价外税	价内税

要点② 纳税人

要点	具体规定
生产应税消费品的单位和个人	1. 自产销售：纳税。 2. 自产自用用于连续生产应税消费品：不纳税。 3. 用于其他方面：纳税
进口应税消费品的单位和个人	—
委托加工应税消费品的单位和个人	委托方为消费税纳税人，但除受托方为个人外，由受托方代收代缴消费税
批发卷烟、电子烟的单位和个人	纳税人之间销售不缴纳消费税，纳税人销售给纳税人以外的单位和个人缴纳消费税
零售应税消费品的单位和个人	1. 零售环节限于金银首饰、铂金首饰、钻石及钻石饰品、超豪华小汽车。 2. 超豪华小汽车在单位和个人生产（进口）环节征收的基础上，零售环节加征消费税

要点 3 税目

要点	具体规定	
烟	卷烟	1. 甲类卷烟：每标准条（200 支）不含增值税调拨价格≥70 元。 2. 乙类卷烟：每标准条（200 支）不含增值税调拨价格<70 元
	电子烟	—
	雪茄烟	—
	烟丝	—
酒	白酒	其他配制酒，按“白酒”征税。
	啤酒	1. 甲类啤酒：每吨不含增值税出厂价格（含包装物及包装物押金）≥3 000 元。 2. 乙类啤酒：每吨不含增值税出厂价格（含包装物及包装物押金）<3 000 元
	黄酒	—
	其他酒	—

提示 卷烟和电子烟的征税环节为生产、委托加工、进口环节、批发环节。

要点	具体规定
高档化妆品	是指生产（进口）环节不含增值税销售（完税）价格在10元/毫升（克）或15元/片（张）以上的美容、修饰类和护肤类化妆品。 提示 舞台、戏剧、影视演员化妆用的上妆油、卸妆油、油彩，不属于本税目的征收范围
贵重首饰及珠宝玉石	1. 对出国人员免税商店销售的金银首饰，征收消费税。 2. 金银、铂金首饰和钻石及钻石饰品，在零售环节缴税
高尔夫球及球具	—
高档手表	每只不含增值税价格≥10 000元的各类手表
成品油	包括汽油、石脑油、溶剂油、润滑油、柴油、航空煤油、燃料油
小汽车	包括乘用车、中轻型商用客车、超豪华小汽车（零售环节）。 提示 本税目征收范围不包括：电动汽车；大型商用客车；沙滩车、雪地车、卡丁车、高尔夫车

要点	具体规定
摩托车	提示 对发动机气缸容量250毫升（不含）以下的小排量摩托车不征收消费税
游艇	非牟利活动的各类机动艇
鞭炮、焰火	提示 体育上用的发令纸、鞭炮药引线，不按本税目征收
木制一次性筷子	—
实木地板	—
电池	对无汞原电池、金属氢化物镍蓄电池、锂原电池、锂离子蓄电池、太阳能电池、燃料电池、全钒液流电池免征消费税
涂料	施工状态下挥发性有机物（VOC）含量低于420克/升（含）的涂料免征消费税

要点4 税率

税率形式	税率	应税消费品
定额税率	甲类啤酒（每吨不含增值税出厂价≥3 000 元）：250 元/吨； 乙类啤酒（每吨不含增值税出厂价＜3 000 元）：220 元/吨	啤酒
	240 元/吨	黄酒
	1.52 元/升：汽油、石脑油、溶剂油、润滑油 1.2 元/升：柴油、航空煤油（暂缓征收）、燃料油	成品油

税率形式	税率	应税消费品
比例税率	36%	生产（含代加工）、进口环节的电子烟；雪茄烟
	30%	烟丝
	20%	高档手表
	15%	高档化妆品；鞭炮、焰火

续表

税率形式	税率	应税消费品
比例税率	11%	批发环节的电子烟
	10%	其他酒；其他贵重首饰和珠宝玉石；零售环节的超豪华小汽车；气缸容量250毫升以上的摩托车；高尔夫球及球具；游艇
	5%	金银首饰、铂金首饰、钻石及钻石饰品；中轻型商用客车；木制一次性筷子；实木地板
	4%	电池；涂料
	3%	气缸容量250毫升的摩托车
	1%－40%	乘用车

税率形式	税率	应税消费品
复合计征	（生产、进口、加工环节）甲类卷烟：56%＋0.003元/支 （生产、进口、加工环节）乙类卷烟：36%＋0.003元/支 批发环节：11%＋0.005元/支	卷烟

续表

税率形式	税率	应税消费品
复合计征	20% +0.5 元/500 克	白酒

提示　纳税人兼营不同税率的应税消费品，应当分别核算不同税率应税消费品的销售额、销售数量。未分别核算销售额、销售数量，或者将不同税率的应税消费品组成成套消费品销售的，从高适用税率。

学习心得

要点5 计税依据

（一）一般规定

要点	计税依据	具体规定
从价计征	销售额	1. 销售额为收取的价款和价外费用，包括消费税，不包括增值税。 2. 包装物销售、包装物租金应征收消费税；包装物押金：啤酒、黄酒以外的酒收取时征收消费税；其余应税消费品（啤酒、黄酒、成品油除外）逾期征收消费税。 3. 不含增值税销售额 = 含增值税的销售额 ÷ (1 + 税率/征收率)
从量计征	销售数量	1. 销售应税消费品，为应税消费品的销售数量。 2. 自产自用应税消费品，为应税消费品移送使用数量。 3. 委托加工应税消费品，为纳税人收回的应税消费品数量。 4. 进口应税消费品，为海关核定的应税消费品进口征税数量
复合计征	销售额和销售数量	卷烟、白酒

包装物押金在计算增值税和消费税时的税务处理。

<table>
<tr><th rowspan="2">包装物押金</th><th colspan="2">增值税</th><th colspan="2">消费税</th></tr>
<tr><th>收到</th><th>逾期</th><th>收到</th><th>逾期</th></tr>
<tr><td>一般货物</td><td rowspan="2">不缴纳</td><td rowspan="2">缴纳</td><td>不缴纳</td><td>缴纳</td></tr>
<tr><td>啤酒、黄酒、成品油</td><td colspan="2">不缴纳</td></tr>
<tr><td>白酒和其他酒</td><td>缴纳</td><td>不缴纳</td><td>缴纳</td><td>不缴纳</td></tr>
</table>

（二）特殊规定

要点	具体规定
纳税人通过自设非独立核算门市部销售	应按门市部对外销售额或者销售数量征收消费税
纳税人用于换、抵、投的应税消费品	以纳税人同类应税消费品的最高销售价格计征消费税，用平均价格计征增值税
由国家税务总局核定计税价格的卷烟	核定计税价格＝批发环节销售价格×(1－批发毛利率) 核定计税价格与实际销售价格比较，孰高原则计征消费税

续表

要点	具体规定
白酒生产企业销售给销售单位的白酒	1. 生产企业消费税计税价格低于销售单位对外销售价格（不含增值税，下同）70%以下的，税务机关应核定消费税最低计税价格。 2. 已核定最低计税价格的白酒，生产企业实际销售价格高于消费税最低计税价格的，按实际销售价格申报纳税；实际销售价格低于消费税最低计税价格的，按最低计税价格申报纳税
金银首饰销售	1. 金银首饰与其他产品组成成套消费品销售，按销售额全额计征消费税。 2. 金银首饰连同包装物销售，包装物应并入金银首饰的销售额，计征消费税。 3. 带料加工的金银首饰，按受托方销售同类金银首饰的销售价格确定计税依据征收消费税，没有同类金银首饰销售价格的，按组成计税价格计算纳税。 4. 以旧换新（含翻新改制）销售金银首饰，按实际收取的不含增值税的全部价款征收消费税

要点⑥ 生产应税消费品应纳税额计算

要点	具体规定
对外销售	1. 从价计征：应纳消费税＝销售额×比例税率 2. 从量计征：应纳消费税＝销售数量×定额税率 3. 复合计征：应纳消费税＝销售额×比例税率＋销售数量×定额税率
自产自用	用于连续生产应税消费品：不纳消费税、不纳增值税
	用于其他用途： 1. 用于生产非应税消费品，缴纳消费税，不纳增值税 2. 用于非生产用途，缴纳消费税、增值税

计征方式	具体规定	
从量计征	应纳消费税＝自用数量×定额税率	

续表

计征方式	具体规定	
从价计征	应纳消费税 = 价格 × 比例税率	价格： 1. 同类消费品的平均价。（换、抵、投时最高价） 2. 组成计税价格： 从价：组价 = 成本 ×（1 + 成本利润率）÷（1 − 比例税率） 复合：组价 =【成本 ×（1 + 成本利润率）+ 自用数量 × 定额税率】÷（1 − 比例税率）
复合计征	应纳消费税 = 价格 × 比例税率 + 自用数量 × 定额税率	

要点	成本利润率	消费税	增值税
从量定额	10%	按销售数量征收消费税	成本 + 利润 + 消费税税额
从价定率	按消费税中应税消费品的成本利润率确定	（成本 + 利润）÷（1 − 消费税比例税率）	
复合计税		（成本 + 利润 + 自产自用数量 × 消费税定额税率）÷（1 − 消费税比例税率）	

要点 7 委托加工应税消费品应纳税额计算

（一）判断是否属于委托加工

（二）委托方和受托方税务处理

委托方	受托方
增值税：购买原材料和支付加工费涉及进项税额	增值税：买辅料涉及增值税进项税额；收取加工费和代垫辅料涉及销项税额
消费税：纳税人	消费税：除受托方为个人，应代收代缴消费税
委托方将代收代缴消费税的应税消费品收回后： 1. 对外销售： 售价≤受托方计税价格，不征消费税。 售价＞受托方计税价格，补征消费税同时扣除已纳消费税。 2. 用于连续生产应税消费品，可按生产领用数量抵扣已纳消费税	

（三）受托方代收代缴消费税的计算

计征方式	具体规定
从量计征	纳税人收回的应税消费品数量
从价计征、复合计征	首先按照受托方同类消费品的销售价格计征消费税
	没有同类消费品价格，按组成计税价格计征消费税。 从价计征：组成计税价格 =（材料成本 + 加工费）÷（1 – 比例税率） 复合计征：组成计税价格 =（材料成本 + 加工费 + 委托加工数量 × 定额税率）÷（1 – 比例税率） 提示1 材料成本为委托方提供材料的实际成本。 提示2 加工费包括代垫辅助材料的实际成本，不包括增值税

要点8 进口应税消费品应纳税额计算

要点	进口环节消费税	进口环节增值税
从量计征	应纳消费税＝应税消费品进口数量×定额税率	进口环节增值税＝（关税完税价格＋关税＋消费税）×税率（13%）
从价计征	组成计税价格＝（关税完税价格＋关税）÷（1－消费税比例税率） 应纳消费税＝组成计税价格×消费税比例税率	组成计税价格＝（关税完税价格＋关税）÷（1－消费税比例税率） 进口环节增值税＝组成计税价格×税率（13%）
复合计征	组成计税价格＝（关税完税价格＋关税＋进口数量×定额税率）÷（1－消费税比例税率） 应纳消费税＝组成计税价格×消费税比例税率＋进口数量×定额税率	组成计税价格＝（关税完税价格＋关税＋进口数量×定额税率）÷（1－消费税比例税率） 进口环节增值税＝组成计税价格×税率（13%）

要点9 已纳消费税扣除计算

外购应税消费品	委托加工收回的应税消费品
1. 外购已税烟丝生产的卷烟。 2. 外购已税高档化妆品为原料生产的高档化妆品。 3. 外购已税珠宝玉石为原料生产的贵重首饰及珠宝玉石。 4. 外购已税鞭炮、焰火为原料生产的鞭炮、焰火。 5. 外购已税杆头、杆身和握把为原料生产的高尔夫球杆。 6. 外购已税木制一次性筷子为原料生产的木制一次性筷子。 7. 外购已税实木地板为原料生产的实木地板。 8. 外购已税汽油、柴油、石脑油、燃料油、润滑油为原料用于连续生产的应税成品油。 9. 从葡萄酒生产企业购进、进口葡萄酒连续生产应税葡萄酒	1. 以委托加工收回的已税烟丝为原料生产的卷烟。 2. 以委托加工收回的已税高档化妆品为原料生产的高档化妆品。 3. 以委托加工收回的已税珠宝、玉石为原料生产的贵重首饰及珠宝、玉石。 4. 以委托加工收回的已税鞭炮、焰火为原料生产的鞭炮、焰火。 5. 以委托加工收回的已税杆头、杆身和握把为原料生产的高尔夫球杆。 6. 以委托加工收回的已税木制一次性筷子为原料生产的木制一次性筷子。 7. 以委托加工收回的已税实木地板为原料生产的实木地板。 8. 以委托加工收回的已税汽油、柴油、石脑油、燃料油、润滑油用于连续生产应税成品油

续表

<table>
<tr><td colspan="3">提示1 外购扣除范围不包括：雪茄烟、酒及酒精（不包括葡萄酒）、小汽车、高档手表、游艇。
提示2 消费税允许扣除的范围仅限于生产、委托加工环节，不能跨环节扣除。
提示3 对于在零售环节缴纳消费税的金银首饰（含镶嵌首饰）、钻石及钻石饰品，在计税时一律不得扣除外购、委托加工收回的珠宝、玉石的已纳消费税</td></tr>
<tr><td rowspan="2">纳税人以外购、进口、委托加工收回的应税消费品用于连续生产应税消费品，按生产领用数量抵扣消费税</td><td>按生产领用数量扣除已纳消费税—外购已税消费品</td><td>当期准予扣除的外购应税消费品已纳税款 = 当期准予扣除的外购应税消费品买价 × 外购应税消费品适用税率
当期准予扣除的外购应税消费品买价 = 期初库存的外购应税消费品买价 + 当期购进的外购应税消费品买价 − 期末库存的外购应税消费品买价</td></tr>
<tr><td>按生产领用数量扣除已纳消费税—委托加工已税消费品</td><td>当期准予扣除的委托加工应税消费已纳税款 = 期初库存的委托加工应税消费品已纳税款 + 当期收回的委托加工应税消费品已纳税款 − 期末库存的委托加工应税消费品已纳税款</td></tr>
</table>

要点⑩ 特殊环节应纳消费税的计算

卷烟批发环节	超豪华小汽车零售环节
征收范围：纳税人批发销售的所有牌号、规格的卷烟	征税范围：每辆零售价格130万元（不含增值税）及以上的乘用车和中轻型商用客车，即乘用车和中轻型商用客车子税目中的超豪华小汽车
1. 纳税人：在中华人民共和国境内从事卷烟批发业务的单位和个人。 2. 纳税人之间销售的卷烟不缴纳消费税	纳税人：将超豪华小汽车销售给消费者的单位和个人为超豪华小汽车零售环节纳税人
适用税率：从价税税率11%，从量税税率0.005元/支	税率：税率为10%

续表

<table>
<tr><th>卷烟批发环节</th><th>超豪华小汽车零售环节</th></tr>
<tr><td>计税依据：纳税人批发卷烟的销售额（不含增值税）、销售数量</td><td rowspan="3">应纳税额的计算：
应纳税额＝零售环节销售额（不含增值税）×零售环节税率
提示 国内汽车生产企业直接销售给消费者的超豪华小汽车，消费税税率按照生产环节税率和零售环节税率加总计算</td></tr>
<tr><td>纳税义务发生时间：纳税人收讫销售款或者取得索取销售款凭据的当天</td></tr>
<tr><td>纳税地点：卷烟批发企业的机构所在地，总机构与分支机构不在同一地区的，由总机构申报纳税</td></tr>
</table>

提示 卷烟消费税在生产和批发两个环节征收后，批发企业在计算纳税时不得扣除已含的生产环节的消费税税款。

要点11 征收管理

（一）纳税义务发生时间

要点		具体规定
销售应税消费品	赊销和分期收款方式	书面合同约定的收款日期的当天。书面合同没有约定收款日期或者无书面合同的，为发出应税消费品的当天
	预收货款方式	发出应税消费品的当天
	托收承付和委托银行收款方式	发出应税消费品并办妥托收手续的当天
	其他结算方式	收讫销售款或者取得索取销售款凭据的当天
自产自用应税消费品		移送使用的当天
委托加工的应税消费品		纳税人提货的当天
进口的应税消费品		报关进口的当天

提示 除委托加工外，纳税义务发生时间的规定和增值税基本相同。

（二）纳税地点

要点	具体规定
纳税人销售的应税消费品，以及自产自用的应税消费品	除国务院财政、税务主管部门另有规定外，应当向纳税人机构所在地或者居住地的主管税务机关申报纳税
委托加工的应税消费品	除委托个人（包含个体工商户和其他个人）加工外，由受托方向所在地主管税务机关代收代缴消费税税款
进口的应税消费品	由进口人或者其代理人向报关地海关申报纳税
纳税人到外县（市）销售或委托外县（市）代销自产应税消费品	于应税消费品销售后，向纳税人机构所在地或居住地主管税务机关申报纳税
纳税人的总机构与分支机构不在同一县（市）的	但在同一省（自治区、直辖市）范围内，经省（自治区、直辖市）财政厅（局）、税务局审批同意，可以由总机构汇总向总机构所在地主管税务机关申报缴纳消费税

第四章　企业所得税法

本章要点提示

考情解读

根据历年考情分析，本章为考试的重点章节，客观题、主观题均会考核，特别是综合题每年必考，分值在20分左右。其中，企业所得税应纳税所得额（应税收入、扣除项目）的确定、税收优惠、应纳税额的计算为本章高频考点。

备考指南

本章主要介绍了企业所得税知识点。作为重点章节，考生需要掌握纳税人、征税范围、税率、应纳税所得额（计税依据）的确定、应纳税额的计算、税收优惠、征收管理等知识点。整体而言本章学习有一定的难度，需要掌握的知识点很多，应纳税所得额和应纳税额的计算特别复杂，考生需要高度重视。

教材变化

1. 2024年本章新增内容：

（1）增加了继续实施农村饮水安全工程所得减免税的规定。

（2）增加了生产和装配伤残人员专门用品企业的所得免税的规定。

（3）增加了经营性文化事业单位转制为企业的所得减免税的规定。

（4）增加了从事污染防治的第三方企业税收优惠规定。

（5）增加了提高集成电路和工业母机企业研发费用的加计扣除规定。

（6）增加了支持农村金融发展的税收优惠。

（7）增加了关于保险保障基金有关税收政策、创新企业境内发行存托凭证试点阶段有关税收政策。

2. 2024 年本章调整内容：

（1）删除了公益性捐赠税前扣除资格的确认及名单公告规定，同时删除了用于目标脱贫地区的扶贫捐赠支出，准予在计算企业所得税应纳税所得额时据实扣除的规定。

（2）调整了小型微利企业税收优惠。

（3）调整了企业研究开发费的加计扣除制度。

（4）调整了企业预缴申报享受研发费用的加计扣除的规定。

（5）调整了创业投资企业税收优惠。

（6）调整了加速折旧的优惠规定。

（7）调整了企业所得税年度纳税申报表。

要点1 纳税人与征税对象

（一）在境内的企业和其他取得收入的组织（统称“企业”），为企业所得税的纳税人

（二）依据属人兼属地的税收管辖权规定，缴纳企业所得税的企业分为居民企业和非居民企业，分别承担不同的纳税义务

<table>
<tr><th>要点</th><th colspan="2">身份判断</th><th>征税对象</th><th>税率</th></tr>
<tr><td>居民企业</td><td colspan="2">1. 注册地标准：依法在中国境内成立的企业。
2. 实际管理机构所在地标准：依照外国（地区）法律成立但实际管理机构在中国境内的企业</td><td>就来源于中国境内、境外的全部所得纳税</td><td rowspan="2">25%</td></tr>
<tr><td>非居民企业</td><td>依照外国（地区）法律成立且实际管理机构不在中国境内的企业</td><td>在中国境内设立机构、场所</td><td>1. 来源于中国境内的所得。
2. 发生在中国境外但与其所设机构、场所有实际联系的所得</td></tr>
</table>

续表

要点	身份判断		征税对象	税率
非居民企业	依照外国（地区）法律成立且实际管理机构不在中国境内的企业	在中国境内设立机构、场所	与其所设机构、场所没有实际联系的境内所得	20%（实际征收按10%）
		在中国境内未设立机构、场所，但有来源于中国境内所得	就来源于中国境内的所得纳税	

（三）所得来源地

要点（所得类型）		来源地的确定
销售货物所得		按照交易活动发生地确定
提供劳务所得		按照劳务发生地确定
转让财产所得	不动产转让所得	按照不动产所在地确定

续表

要点（所得类型）		来源地的确定
转让财产所得	动产转让所得	按照转让动产的企业或者机构、场所所在地确定
	权益性投资资产转让所得	按照被投资企业所在地确定
股息、红利等权益性投资所得		按照分配所得的企业所在地确定
利息所得、租金所得、特许权使用费所得		按照负担、支付所得的企业或者机构、场所所在地确定，或者按照负担、支付所得的个人的住所地确定

学习心得

要点② 税率

<table>
<tr><th colspan="2">要点</th><th rowspan="2">适用范围</th></tr>
<tr><th>税率种类</th><th>具体税率</th></tr>
<tr><td>基本税率</td><td>25%</td><td>1. 适用于居民企业。
2. 中国境内设有机构、场所且所得与机构、场所有实际联系的非居民企业</td></tr>
<tr><td rowspan="2">优惠税率</td><td>20%</td><td>符合条件的小型微利企业（有进一步优惠）</td></tr>
<tr><td>15%</td><td>1. 国家重点扶持的高新技术企业。
2. 经认定的技术先进型服务企业。
3. 西部地区鼓励类产业企业。
4. 符合条件的从事污染防治的第三方企业。
5. 注册在海南自贸港并实质性运营的鼓励类产业企业</td></tr>
<tr><td>低税率</td><td>20%（实际征税时适用10%税率）</td><td>适用于在中国境内未设立机构、场所，或者虽设立机构、场所但取得的所得与其所设机构、场所没有实际联系的非居民企业（预提所得税；扣缴义务人代扣代缴适用）</td></tr>
</table>

要点③ 应纳税所得额概述

具体规定
1. 应纳税所得额，是企业所得税的计税依据。 2. 应纳税所得额，是企业每一个纳税年度的收入总额，减除不征税收入、免税收入、各项扣除以及允许弥补的以前年度亏损后的余额。 3. 应纳税所得额的计算公式。 （1）直接计算法：应纳税所得额 = 收入总额 − 不征税收入 − 免税收入 − 各项扣除金额 − 允许弥补的以前年度亏损 （2）间接计算法：应纳税所得额 = 会计利润总额 ± 纳税调整项目金额

学习心得

要点④　一般收入的确认（9 项）

要点	具体规定
销售货物收入	企业销售商品同时满足下列条件的，应确认收入： 1. 商品销售合同已经签订，企业已将与商品所有权相关的主要风险和报酬转移给购货方。 2. 企业对已售出的商品既没有保留通常与所有权相联系的继续管理权，也没有实施有效控制。 3. 收入的金额能够可靠地计量。 4. 已发生或将发生的销售方的成本能够可靠地核算
提供劳务收入	企业在各个纳税期末，提供劳务交易的结果能够可靠估计的，应采用完工进度（完工百分比）法确认提供劳务收入
转让财产收入	转让财产收入，是指企业转让固定资产、生物资产、无形资产、股权、债权等取得的收入
股息、红利等权益性投资收益	除另有规定外，股息、红利等权益性投资收益，按被投资企业作出利润分配决定的日期确认收入

续表

要点	具体规定
利息收入	利息收入，按照合同约定的债务人应付利息的日期确认收入。 提示 国债利息，免征企业所得税；国债转让收入，缴纳企业所得税
租金收入	1. 租金收入，按照合同约定的承租人应付租金的日期确认收入的实现。 2. 租金收入，是指有形资产使用权转让收入。 3. 跨年度租金收入的税务处理：（重要） 如果交易合同或协议中规定租赁期限跨年度，且租金提前一次性支付的，根据收入与费用配比原则，出租人可对上述已确认的收入，在租赁期内，分期均匀计入相关年度收入
特许权使用费收入	1. 特许权使用费收入，按照合同约定的应付特许权使用费的日期确认收入。 2. 特许权使用费收入，是指无形资产使用权转让收入。 提示1 租金收入，是指有形资产使用权转让收入。 提示2 一般收入中的三类收入是按合同约定日期确认收入的实现：一是利息收入；二是租金收入；三是特许权使用费收入

续表

要点	具体规定
接受捐赠收入	1. 接受捐赠收入，在实际收到捐赠资产的日期确认收入的实现。 2. 接受非货币性资产的捐赠，计入应纳税所得额的内容，包括受赠资产价值和由捐赠企业代为支付的增值税，不包括由受赠企业另外支付或应付的相关税费
其他收入（重要）	其他收入，包括企业资产溢余收入、逾期未退包装物押金收入、确实无法偿付的应付款项、已作坏账损失处理后又收回的应收款项、债务重组收入、补贴收入、违约金收入、汇兑收益等。 提示 税法上的“其他收入”，不同于会计上的“其他业务收入”，考生应注意辨析

要点5 特殊收入的确认

要点	具体规定
以分期收款方式销售货物	按照合同约定的收款日期确认收入
企业受托加工制造大型机械设备、船舶、飞机，以及从事建筑、安装、装配工程业务或者提供其他劳务等，持续时间超过12个月的	按照纳税年度内完工进度或者完成的工作量确认收入。 提示 此规定，建议考生与“增值税的相关规定”一并学习
采取产品分成方式取得收入的	按照企业分得产品的日期确认收入，其收入额按照产品的公允价值确定
企业发生非货币性资产交换，以及将货物、财产、劳务用于捐赠、偿债、赞助、集资、广告、样品、职工福利或者利润分配等用途的	应当视同销售货物、转让财产或者提供劳务，但另有规定的除外

要点⑥ 处置资产收入的确认

要点	具体规定
不视同销售	内部处置资产，其资产所有权在形式和实质上均不发生改变，不视同销售确认收入，但将资产移至境外的除外。具体情形如下： 1. 将资产用于生产、制造、加工另一产品。(如原材料生产商品) 2. 改变资产形状、结构或性能。 3. 改变资产用途。(如自建商品房转为自用或经营) 4. 将资产在总机构及其分支机构之间转移。 5. 上述两种或两种以上情形的混合。 6. 其他不改变资产所有权属的用途。 提示 内部处置资产不视同销售，相关资产的计税基础延续计算
应视同销售	资产移送他人，其资产所有权属已发生改变，按视同销售确定收入。具体情形如下： 1. 用于市场推广或销售。 2. 用于交际应酬。

续表

要点	具体规定
应视同销售	3. 用于职工奖励或福利。 4. 用于股息分配。 5. 用于对外捐赠。 6. 其他改变资产所有权属的用途

提示1 除另有规定外，资产移送他人视同销售时，自制的资产，按同类资产同期对外售价确定收入；外购的资产，应按照被移送资产的公允价值确定销售收入。

提示2 判断企业所得税中的视同销售，关键看“资产所有权”是否转移。

提示3 企业所得税与增值税、消费税等流转税的视同销售规则是存在差异的。

提示4 会计视同销售收入≠企业所得税的视同销售≠增值税的视同销售。

要点⑦ 非货币性资产投资

<table>
<tr><th colspan="2">要点</th><th>具体规定</th></tr>
<tr><td rowspan="3">投资方企业</td><td>收入的实现</td><td>应于投资协议生效并办理股权登记手续时，确认非货币性资产转让收入</td></tr>
<tr><td>所得的确定</td><td>应对非货币性资产进行评估并按评估后的公允价值扣除计税基础后的余额，计算确认非货币性资产转让所得</td></tr>
<tr><td>税收递延</td><td>确认的转让所得，可在不超过5年期限内，分期均匀计入相应年度的应纳税所得额，按规定计算缴纳企业所得税。
提示 个人所得税：非货币性资产投资的纳税人一次性缴税有困难的，“可合理确定”分期缴纳计划并报主管税务机关备案后，在不超过5个公历年度内（含）分期缴纳个人所得税</td></tr>
<tr><td colspan="2">被投资方企业</td><td>取得非货币性资产的计税基础，应按非货币性资产的公允价值确定</td></tr>
</table>

提示 非货币性资产投资企业所得税处理，投资企业和被投资企业均应为居民企业。

要点8 相关收入实现的确认（重要）

要点	具体规定
销售商品收入	1. 销售商品采用托收承付方式的，在办妥托收手续时确认收入。 2. 销售商品采取预收款方式的，在发出商品时确认收入。 3. 销售商品需要安装和检验的，在购买方接受商品以及安装和检验完毕时确认收入。如果安装程序比较简单，可在发出商品时确认收入。 4. 销售商品采用支付手续费方式委托代销的，在收到代销清单时确认收入（区别增值税）
提供劳务收入	1. 安装费，应根据安装完工进度确认收入；安装工作是商品销售附带条件，安装费在确认商品销售实现时确认收入。 2. 宣传媒介的收费，应在相关的广告或商业行为出现于公众面前时确认收入。 3. 广告的制作费，根据制作广告的完工进度确认收入。 4. 软件费，为特定客户开发软件的收费，应根据开发的完工进度确认收入。 5. 服务费，包含在商品售价内可区分的服务费，在提供服务的期间分期确认收入。

续表

要点	具体规定
提供劳务收入	6. 艺术表演、招待宴会和其他特殊活动，在相关活动发生时确认收入。 提示 “宣传媒介的收费”与“广告的制作费”两者确认收入的时间不同，考生应注意辨析
售后回购	销售的商品按售价确认收入，回购的商品作为购进商品处理
以旧换新	按照销售商品收入确认条件确认收入，回收的商品作为购进商品处理
折扣与折让	1. 商业折扣（折扣销售）：应当按照扣除商业折扣后的金额确定销售商品收入金额。 2. 现金折扣（销售折扣）：应当按扣除现金折扣前的金额确定销售商品收入金额，现金折扣在实际发生时作为财务费用扣除。 3. 折让方式销售：企业已经确认销售收入的售出商品发生销售折让和销售退回，应当在发生当期冲减当期销售商品收入
买一赠一	不属于捐赠，应将总的销售金额按各项商品的公允价值的比例来分摊确认各项的销售收入

续表

要点	具体规定
其他收入的确认	企业取得其他收入，不论是以货币形式还是非货币形式体现，除另有规定外，均应一次性计入确认收入的年度计算缴纳企业所得税

提示1 以上内容的学习，考生应注意掌握收入实现的时间以及收入确定的金额。

提示2 会计上收入确认时间≠企业所得税收入确认时间≠流转税纳税义务发生时间，学习以上内容和其他相关内容时，考生应注意辨析。

学习心得

要点⑨ 不征税收入和免税收入

（一）不征税收入

要点	具体规定
财政拨款	是指各级政府对纳入预算管理的事业单位、社会团体等组织拨付的财政资金
依法收取并纳入财政管理的行政事业性收费、政府性基金	1. 收取的各种基金、收费，应（先）计入企业当年收入总额。 2. 对企业依法收取并上缴财政的政府性基金和行政事业性收费，准予作为不征税收入，于上缴财政的当年在计算应纳税所得额时（再）从收入总额中减除；未上缴财政的部分，不得从收入总额中减除（未上缴不减除）。 提示 企业上缴：企业按照规定缴纳的政府性基金、行政事业性收费，准予在计算应纳税所得额时扣除
国务院规定的（企业）其他不征税收入	是指企业取得的，由国务院财政、税务主管部门规定专项用途并经国务院批准的财政性资金。 提示 企业取得的各类财政性资金，除国家投资和资金使用后要求归还本金（属于“借款”）的以外，均应计入企业当年收入总额

续表

要点	具体规定
	对企业从县级以上各级人民政府取得的财政性资金，凡同时符合以下条件的，可以作为不征税收入： 1. 企业能够提供规定资金专项用途的资金拨付文件。(有文件) 2. 财政部门或其他拨付资金的政府部门，对该资金有专门的资金管理办法或具体管理要求。(有管理) 3. 企业对该资金以及以该资金发生的支出，单独进行核算（单独核算）。 提示 专项用途财政性资金，符合条件的，作为不征税收入，其支出不得税前扣除。不符合条件的，为应征税收入，其支出可税前扣除

提示 增值税：（1）企业取得的财政补贴收入，与其销售货物、劳务、服务、无形资产、不动产的收入或者数量直接挂钩的，应征收增值税；（2）其他情形的财政补贴收入，不征收增值税。

（二）免税收入

要点	具体规定
国债利息收入	1. 企业从发行者直接投资购买的国债持有至到期，其从发行者取得的国债利息收入，全额免征企业所得税。 2. 企业到期前转让国债，或者从非发行者投资购买的国债，其持有期间尚未兑付的国债利息收入，免征企业所得税。 尚未兑付的国债利息收入 = 国债金额 ×（适用年利率 ÷ 365）× 持有天数
符合条件的居民企业之间的股息、红利等权益性投资收益	符合条件是指： 1. 居民企业之间。 2. 直接投资。 3. 不包括连续持有居民企业公开发行并上市流通的股票在1年（12个月）以内取得的投资收益；未上市的居民企业之间的投资，不受1年期限限制。 4. 属于权益性投资，而非债权性投资

续表

要点	具体规定
在境内设立机构、场所的非居民企业（视同“居民企业”）从居民企业取得与该机构、场所有实际联系的股息、红利等权益性投资收益	权益性投资收益，不包括连续持有居民企业公开发行并上市流通的股票在1年（12个月）以内取得的投资收益。 提示 非居民企业必须是在境内有机构、场所的非居民企业
符合条件的非营利组织的收入	非营利组织的营利性收入，依法纳税

（三）不征税收入和免税收入的特殊规定

1. 免税收入：发生的费用或形成的资产计提的折旧、摊销，可以税前扣除。（可以）

2. 不征税收入：用于支出所形成的费用，不得扣除；用于支出所形成的资产，其计算的折旧、摊销，不得扣除。（不得）

要点10 税前扣除原则和范围

（一）扣除项目的原则

1. 企业申报的扣除项目和金额要真实、合法，才能税前扣除。

2. 扣除项目的原则，包括权责发生制原则、配比原则、相关性原则、确定性原则、合理性原则。

（二）扣除项目的范围

要点	具体规定	
成本	包括生产经营活动中发生的销售成本、销货成本、业务支出以及其他耗费	
费用	包括每一个纳税年度在生产、经营商品及提供劳务等过程中发生的销售费用、管理费用和财务费用，但已计入成本的有关费用除外	
税金	在发生当期直接扣除	1. 消费税、城建税、出口关税、资源税、土地增值税（房企）、房产税、车船税、城镇土地使用税、印花税、环境保护税。 2. 教育费附加和地方教育附加（视同税金）

续表

<table>
<tr><th>要点</th><th colspan="2">具体规定</th></tr>
<tr><td rowspan="2">税金</td><td>在发生当期计入相关资产的成本，在以后各期间接分摊扣除</td><td>车辆购置税、契税、耕地占用税、进口关税、按规定不得抵扣的增值税</td></tr>
<tr><td colspan="2">提示 不得税前扣除的税金：企业所得税、可以抵扣的增值税</td></tr>
<tr><td>损失</td><td colspan="2">1. 损失，减除责任人赔偿和保险赔款后的余额（净损失），依规扣除。
2. 作为损失处理的资产，在以后纳税年度又全部收回或者部分收回时，应当计入当期收入</td></tr>
<tr><td>其他支出</td><td colspan="2">是指除以上 4 项之外，企业经营活动中发生的有关的、合理的支出。
提示 税法规定的“其他支出”和“其他收入”之间没有对应关系，考生应注意辨析</td></tr>
</table>

要点 11　具体扣除项目及其标准（重要）

（一）工资、薪金支出

1. 企业发生的合理的工资、薪金支出准予据实扣除。

2. 接受外部劳务派遣用工直接支付给员工个人的费用，应作为工资、薪金支出和职工福利费支出。

3. 企业预提的工资、薪金，年度汇算清缴结束前向员工实际支付的已预提汇缴年度工资薪金，准予在汇缴年度按规定扣除。

（二）职工福利费、工会经费、职工教育经费

要点	准予扣除的限额	超过规定比例部分的处理
职工福利费	不超过工资薪金总额14%的部分	不得扣除
工会经费	不超过工资薪金总额2%的部分	不得扣除
职工教育经费	不超过工资薪金总额8%的部分	准予在以后纳税年度结转扣除

提示 总结职工福利费、工会经费、职工教育经费，不是采用计提或预提的方法核算支出，而采用的是“据实支出、限额控制”的方法。其中，只有职工教育经费超支，才可结转下年，用以后年度未用完的限额扣除。

（三）社会保险费和其他保险费

要点	具体规定
企业按照政府规定的范围和标准为职工缴纳的“四险一金”	准予扣除
企业为投资者或者职工支付的补充养老保险费、补充医疗保险费，在规定的范围和标准内	准予扣除
企业依照国家有关规定为特殊工种职工支付的人身安全保险费	可以扣除
除规定可以扣除的其他商业保险费外，企业为投资者或职工支付的商业保险费	不得扣除
纳税人为其投资者或雇员个人向商业保险机构投保的“非社保类”的人寿保险或财产保险	不得扣除
企业参加财产保险（商业保险），按照规定缴纳的保险费	准予扣除

（四）利息费用

要点	具体规定
据实扣除	1. 非金融企业向金融企业借款的利息支出。 2. 金融企业的各项存款利息支出。 3. 金融企业的同业拆借利息支出。 4. 企业经批准发行债券的利息支出
限额扣除	非金融企业向非金融企业借款的利息支出，不超过按照金融企业同期同类贷款利率计算的数额的部分，准予扣除，超过部分不得扣除。 提示 考生应注意辨析：1. 金融企业和非金融企业的差异。2. 金融企业不等同于银行，金融企业，包括银行和非银行金融机构
关联企业利息费用的扣除	企业从其关联方接受的债权性投资与权益性投资的比例超过规定标准而发生的利息支出，不得在计算应纳税所得额时扣除。同时，还要注意利率的合理性。 1. 具体债资比例，金融企业为5:1；其他企业为2:1。 2. 通过合理利率标准，来判别那些未超过债资比例的利息是否符合合理的水平，使利率水平符合合理性

续表

要点	具体规定
企业向自然人借款的利息支出	1. 关联关系：企业向股东或其他与企业有关联关系的自然人借款的利息支出，符合规定条件的（关联方债资比例和利率合理性），准予扣除。 2. 非关联关系：企业向非关联方自然人借款的利息支出，其借款情况同时符合以下条件的，其利息支出在不超过按照金融企业同期同类贷款利率计算的数额的部分，准予扣除： （1）企业与个人之间的借贷是真实、合法、有效的，并且不具有非法集资目的或其他违反法律、法规的行为。 （2）企业与个人之间签订了借款合同

（五）借款费用

企业为购置、建造固定资产、无形资产和经过12个月以上的建造才能达到预定可销售状态的存货发生借款	在有关资产购置、建造期间发生的合理的借款费用	资本化：计入有关资产的成本，并依规扣除
	有关资产交付使用后发生的借款利息	费用化：准予扣除

续表

企业在生产经营活动中发生的合理的不需要资本化的借款费用	费用化：准予扣除

提示1 企业通过发行债券、取得贷款、吸收保户储金等方式融资而发生的合理的费用支出，符合资本化条件的，应计入相关资产成本；不符合资本化条件的，应作为财务费用，准予在企业所得税税前据实扣除。

提示2 不需要资本化的融资费用，不必分期摊销，可直接据实扣除。

提示3 考生应注意辨析“利息费用”与“借款费用”之间的差异。

（六）业务招待费

基本规定	企业发生的与生产经营活动有关的业务招待费支出，按照发生额的60%扣除，但最高不得超过当年销售（营业）收入的5‰	
特殊规定	股权投资企业	从事股权投资业务的企业，其从被投资企业所分配的股息、红利以及股权转让收入，可以按规定的比例计算业务招待费扣除限额

续表

特殊规定	筹建期间	企业在筹建期间，发生的与筹办活动有关的业务招待费支出，可按实际发生额的60%计入企业筹办费，并按有关规定在税前扣除

提示1 业务招待费开支存在一个标准（60%）和一个限度（5‰），需要将标准和限度进行比较，以其小者作为可扣除金额。

提示2 “业务招待费”的税前扣除限额的计算基数“销售（营业）收入”同“广告费和业务宣传费”的税前扣除限额的计算基数相同。

（七）广告费和业务宣传费

基本规定	除另有规定外，不超过当年销售（营业）收入15%的部分，准予扣除；超过部分，准予在以后纳税年度结转扣除	
特殊规定	化妆品制造或销售、医药制造和饮料制造（不含酒类制造）企业	发生的广告费和业务宣传费支出，不超过当年销售（营业）收入30%的部分，准予扣除；超过部分，准予在以后纳税年度结转扣除

续表

特殊规定	烟草企业	烟草广告费和业务宣传费支出，一律不得在计算应纳税所得额时扣除
	筹建期间	发生的广告费和业务宣传费支出，可按实际发生额计入企业筹办费，并按有关规定在税前扣除

提示1　化妆品强调“制造或销售”，医药和饮料只强调“制造”，且饮料制造不含酒类制造。

提示2　广告费和业务宣传费的超标准部分，可无限期向以后纳税年度结转；业务招待费的超标准部分，不得向以后纳税年度结转扣除。

（八）租赁费

经营性租赁	发生的租入固定资产租赁费，根据租赁期限均匀扣除
融资性租赁	发生的租入固定资产租赁费，构成融资租入固定资产价值的部分应当提取折旧费用，分期扣除，租赁费支出不得直接扣除

提示1 经营性租赁，出租方提取折旧费用，承租方扣除租赁费支出；融资性租赁，承租方提取折旧费用，不得扣除租赁费支出。

提示2 考生应注意辨析“租赁费”和“折旧费用”的差异。

（九）公益性捐赠支出

要点	具体规定
限额扣除	企业发生的公益性捐赠支出，不超过年度利润总额12%的部分，准予扣除。超过年度利润总额12%的部分，准予以后3年内在计算应纳税所得额时结转扣除
金额计算	公益性捐赠包括货币捐赠和非货币捐赠： 1. 接受捐赠的货币性资产，应当按照实际收到的金额计算。 2. 接受捐赠的非货币资产，应当以其公允价值计算。 提示 企业将自产货物用于对外捐赠，按照公允价值计算缴纳增值税

续表

要点	具体规定
其他规定	企业在对公益性捐赠支出计算扣除时，应先扣除以前年度结转的捐赠支出，再扣除当年发生的捐赠支出。即结转后，先发生的支出先扣除

（十）手续费及佣金支出

要点	具体规定
基本规定	企业发生的与生产经营有关的手续费及佣金支出，不超过计算限额以内的部分，准予扣除；超过的部分，一般不得扣除
支付对象	应该是具有合法经营资格的中介服务企业或个人，不能是交易双方人员（含代理人、代表人）
全额扣除	从事代理服务，主营业务收入为手续费、佣金的企业（如证券等企业），其为取得该类收入而实际发生的手续费、佣金，准予据实扣除

续表

<table>
<tr><th>要点</th><th colspan="2">具体规定</th></tr>
<tr><td rowspan="3">限额扣除</td><td>保险企业（18%）</td><td>保险企业，不超过当年全部保费收入扣除退保金等后余额的18%（含本数）的部分，准予扣除；超过部分，允许结转以后年度扣除</td></tr>
<tr><td>电信企业（5%）</td><td>电信企业，不超过企业当年收入总额5%的部分，准予据实扣除，超过部分，不得扣除</td></tr>
<tr><td>其他企业（5%）</td><td>其他企业与中介机构或个人所签订服务协议或合同确认的收入金额5%部分，准予据实扣除；超过部分，不得扣除</td></tr>
<tr><td>支付方式</td><td colspan="2">除委托个人代理外，企业以现金等非转账方式支付的手续费及佣金，不得在税前扣除</td></tr>
</table>

提示 企业为发行权益性证券支付的手续费及佣金，不得在税前扣除。

（十一）其他扣除项目

要点	具体规定
汇兑损失	除已经计入有关资产成本以及与向所有者进行利润分配相关的部分外，准予扣除。 提示 与“汇兑损失”相对应，“汇兑收益”应作为其他收入
环境保护专项资金	企业依照有关规定提取（非实际发生）的用于环境保护、生态恢复等方面的专项资金准予扣除；专项资金提取后改变用途的，不得扣除
劳动保护费	1. 企业发生的合理的劳动保护支出，准予扣除。 2. 由企业统一制作并要求员工工作时统一着装所发生的工作服饰费用，可以作为企业合理的支出给予税前扣除（两个统一）
有关资产的费用	1. 企业转让各类固定资产发生的费用，允许扣除。 2. 企业按规定计算的折旧费、摊销费，准予扣除
总机构分摊的费用	非居民企业在中国境内设立的机构、场所，就其中国境外总机构发生的与该机构、场所生产经营有关的费用，能够提供总机构出具的费用汇集范围、定额、分配依据和方法等证明文件，并合理分摊的，准予扣除

续表

要点	具体规定
资产损失	企业向税务机关申报扣除资产损失，仅需填报相关申报表，不再报送资产损失相关资料，相关资料由企业留存备查
其他项目	准予扣除的其他项目，包括会员费、合理的会议费、差旅费、违约金、诉讼费用等

学习心得

要点12 不得扣除的项目

要点	具体规定
计算应纳税所得额时不得扣除的项目	1. 向投资者支付的股息、红利等权益性投资收益款项。 2. 企业所得税税款。 3. 税收滞纳金。 4. 罚金、罚款和被没收财物的损失。 5. 超过规定标准的捐赠支出。 6. 赞助支出。 7. 未经核定的准备金支出。 8. 企业之间支付的管理费、企业内营业机构之间支付的租金和特许权使用费，以及非银行企业内营业机构之间支付的利息，不得扣除。 9. 与取得收入无关的其他支出

要点 13 亏损弥补

基本规定	发生年度亏损的，可用下一纳税年度的所得弥补；下一纳税年度的所得不足弥补的，可以逐年延续弥补，但是延续弥补期最长不得超过5年	
特殊规定	境外亏损	企业在汇总计算缴纳企业所得税时，其境外营业机构的亏损不得抵减境内营业机构的盈利
	高新技术企业等	自2018年1月1日起，当年具备高新技术企业或科技型中小企业资格的企业，其具备资格年度之前5个年度发生的尚未弥补完的亏损，准予结转以后年度弥补，最长结转年限由5年延长至10年
	困难行业	受新冠疫情影响较大的困难行业企业2020年度发生的亏损，最长结转年限由5年延长至8年
其他规定	筹办期间不计算为亏损年度，自开始生产经营的年度，开始计算	

提示 亏损弥补三要点：1. 亏损，是指按照税法调整后的亏损额。2. 以亏损年度的下一年算起，一般连续计算5年，中间不得中断。3. 先亏先补，后亏后补。

要点14　资产的税务处理

资产的计税基础不等于会计账面成本，资产的计税基础可理解为未来可税前列支的金额。

（一）固定资产的税务处理

要点	具体规定
固定资产计税基础	以“历史成本”或“公允价值＋相关税费”或“重置完全价值”为计税基础
固定资产折旧范围	下列固定资产不得计算折旧扣除： 1. 房屋、建筑物以外未投入使用的固定资产。 2. 以经营租赁方式租入的固定资产。 3. 以融资租赁方式租出的固定资产。 4. 已足额提取折旧仍继续使用的固定资产。 5. 与经营活动无关的固定资产。 6. 单独估价作为固定资产入账的土地

续表

要点	具体规定
固定资产折旧方法	1. 固定资产按照直线法计算的折旧，准予扣除。 2. 自固定资产投入使用月份的次月起计算折旧；停止使用的固定资产，应当自停止使用月份的次月起停止计算折旧。（关键词：次月） 3. 企业应当根据固定资产的性质和使用情况，合理确定固定资产的预计净残值。固定资产的预计净残值一经确定，不得变更。 4. 加速折旧，最低不能低于（税法）规定折旧年限的 60%
固定资产最低折旧年限	1. 房屋、建筑物：20 年。 2. 飞机、火车、轮船、机器、机械和其他生产设备：10 年。 3. 与生产经营活动有关的器具、工具、家具等：5 年。 4. 飞机、火车、轮船以外的运输工具：4 年。 5. 电子设备：3 年
折旧年限的其他规定	1. 会计上提取的减值准备不得税前扣除，折旧按税法确定的计税基础计算扣除。 2. 按税法规定加速折旧的，其折旧额可全额在税前扣除。

续表

要点	具体规定
折旧年限的其他规定	3. 会计折旧年限小于税法最低折旧年限的，差额部分应进行纳税调增。 4. 会计折旧年限大于税法最低折旧年限的，按会计年限计算扣除。 提示 会计折旧年限已满，税法最低年限未到且税收折旧尚未足额扣除，尚未足额扣除的折旧可在剩余年限继续扣除
固定资产改扩建的税务处理	提示 固定资产改扩建，是指企业对房屋、建筑物等固定资产在“未足额提取折旧前”进行改扩建。 1. 属于推倒重置：该资产原值减除提取折旧后的净值，应并入重置后的固定资产计税成本，并在该固定资产投入使用后的次月起，按照税法规定的折旧年限，一并计提折旧。 2. 属于提升功能、增加面积：该固定资产的改扩建支出，并入该固定资产计税基础，并从改扩建完工投入使用后的次月起，重新按税法规定的该固定资产折旧年限计提折旧，如该改扩建后的固定资产尚可使用的年限低于税法规定的最低年限的，可以按尚可使用的年限计提折旧

（二）无形资产的税务处理

1. 企业按照规定计算的无形资产摊销费用，准予扣除。

2. 下列无形资产不得摊销扣除：

（1）自行开发的支出已在计算应纳税所得额时扣除的无形资产。

（2）自创商誉。

（3）与经营活动无关的无形资产。

3. 无形资产的摊销。

（1）按照直线法（取得当月摊销）计算的摊销费用，准予扣除。无形资产的摊销年限不得低于10年。（关键词：当月）

（2）投资或者受让的无形资产，可以按照规定或者约定的使用年限分期摊销。

（3）外购商誉支出，在企业整体转让或者清算时，准予扣除。

提示1 考生应注意辨析“自创商誉”和“外购商誉”税务处理的差异。

提示2 无形资产摊销的起止时间，当月增加的无形资产，当月开始摊销；当月减少的无形资产，当月不再摊销。

（三）长期待摊费用的税务处理

要点	具体规定
已足额提取折旧的固定资产的改建支出	按照固定资产预计尚可使用年限分期摊销
租入固定资产的改建支出	按照合同约定的剩余租赁期限分期摊销
固定资产的大修理支出	按照固定资产尚可使用年限分期摊销
其他长期待摊费用的支出	自支出发生月份的次月起，分期摊销，摊销年限不得低于3年

提示1 考生应注意辨析“未足额”提取折旧前进行改扩建和“已足额”提取折旧的固定资产的改建税务处理的差异。

提示2 长期待摊费用，可理解为“固定资产”。

（四）投资资产的税务处理

要点	具体规定
投资期间	投资资产的成本在计算应纳税所得额时，不得扣除
转让或者处置	投资资产的成本，准予扣除 提示 静态投资资产的成本（投资期间）不得扣除；动态转让或者处置投资资产时，投资资产的成本可以扣除
撤回或减少投资	投资企业从被投资企业撤回或减少投资，其取得的资产中： 1. 相当于初始出资的部分，应确认为投资收回。 2. 相当于被投资企业累计未分配利润和累计盈余公积按减少实收资本比例计算的部分，应确认为股息所得。（符合条件的，免税） 3. 其余部分确认为投资资产转让所得

提示1 扣除的未分配利润和盈余公积金额，应当按照注册资本比例计算，不得按照公司章程规定的分红比例计算。

提示2 企业在计算股权转让所得时，不得扣除被投资企业未分配利润等股东留存收益中按该项股权可能分配的金额。

（五）企业清算所得的税务处理

要点	具体规定
被投资方企业	1. 企业依法清算时，以其清算终了后的清算所得为应纳税所得额，按规定缴纳企业所得税。 2. 企业清算所得，是指企业全部资产可变现价值或交易价格减除资产净值、清算费用以及相关税费等后的余额。 计算公式： 企业清算所得 = 企业的全部资产可变现价值或者交易价格 − 资产净值 − 清算费用 − 相关税费
投资方企业	投资方企业从被清算企业分得的剩余资产： 1. 相当于从被清算企业累计未分配利润和累计盈余公积中应当分得的部分，应当确认为股息所得；（符合条件的，免税） 2. 剩余资产扣除上述股息所得后的余额，超过或者低于投资成本的部分，应当确认为投资资产转让所得或者损失。 提示 (1) 投资方企业，从被清算企业分得的剩余资产的税务处理，与撤回或减少投资的所得税处理类似，但不同于股权转让的税务处理。(2) 企业转让股权，确认转让收益，不确认持有收益；企业撤回或减少投资，分别确认持有收益和转让收益；企业清算分得剩余资产，分别确认持有收益和转让收益

提示 投资资产"投资时""持有时""转让时""撤回或减少投资时"，以及被投资企业"清算时"税务处理的差异，考生应注意辨析。

学习心得

要点⑮ 资产损失的所得税处理

资产损失，是指企业在生产经营活动中实际发生的、与取得应税收入有关的资产损失。准予在税前扣除的资产损失，包括实际资产损失和法定资产损失。

要点	税务处理
一般规定	1. 已经扣除的资产损失，在以后纳税年度收回时，其收回部分应当作为收入计入收回当期的应纳税所得额。 2. 境内、境外营业机构发生的资产损失应分开核算，对境外营业机构由于发生资产损失而产生的亏损，不得在计算境内所得时扣除
申报扣除	1. 发生的资产损失，应按规定的程序和要求向主管税务机关申报后方能在税前扣除；未经申报的损失，不得在税前扣除。 2. 以前年度资产损失：实际资产损失，在发生年度扣除；法定资产损失，在申报年度扣除。 提示 资产损失取消了审批制度，取而代之的是“申报扣除”制度

要点16 企业重组的所得税处理

<table>
<tr><th>要点</th><th colspan="2">具体规定</th></tr>
<tr><td>概念</td><td colspan="2">是指企业在日常经营活动以外发生的法律结构或经济结构重大改变的交易，包括企业法律形式改变、债务重组、股权收购、资产收购、合并、分立等</td></tr>
<tr><td rowspan="3">支付对价形式</td><td>股权支付</td><td>是指企业重组中购买、换取资产的一方支付的对价中，以本企业或其控股企业的股权、股份作为支付的形式</td></tr>
<tr><td>非股权支付</td><td>是指以本企业的现金、银行存款、应收款项、本企业或其控股企业股权和股份以外的有价证券、存货、固定资产、其他资产以及承担债务等作为支付的形式</td></tr>
<tr><td colspan="2">股权支付和非股权支付的结合支付</td></tr>
<tr><td>企业重组的方法</td><td colspan="2">企业重组的税务处理分为一般性税务处理和特殊性税务处理两种，采用何种税务处理取决于交易额度的大小和股权性交易金额的大小</td></tr>
</table>

要点 17 居民企业税收优惠

税收优惠方式，包括免税、减税、加计扣除、加速折旧、减计收入、税额抵免等。具体可以分为税基式减免优惠、税率式减免优惠、税额式减免优惠。

提示 税收优惠的内容很多，建议考生重点掌握有比例、有限额的税收优惠政策。

（一）免征与减征优惠（4 项）

1. 从事农、林、牧、渔业项目的所得。

要点	具体规定
企业从事下列项目的所得：（1）蔬菜、谷物、薯类、油料、豆类、棉花、麻类、糖料、水果、坚果的种植。（2）农作物新品种的选育。（3）中药材的种植。（4）林木的培育和种植。（5）牲畜、家禽的饲养。（6）林产品的采集。（7）灌溉、农产品初加工、兽医、农技推广、农机作业和维修等农、林、牧、渔服务业项目。（8）远洋捕捞	免征企业所得税

续表

要点	具体规定
企业从事下列项目的所得：(1) 花卉、茶以及其他饮料作物和香料作物的种植。(2) 海水养殖、内陆养殖	减半征收企业所得税

提示　考生应注意辨析“免征8项”和“减半征收2项”的具体范围。

2. 从事国家重点扶持的公共基础设施项目“投资经营”的所得。

(1) 规定项目：港口码头、机场、铁路、公路、城市公共交通、电力、水利等项目。

(2) 优惠内容：该所得自项目取得第一笔生产经营收入所属纳税年度起，第1～3年免征企业所得税，第4～6年减半征收企业所得税（以下简称“三免三减半”，下同）。

提示　优惠开始的年度是“取得第一笔生产经营收入所属纳税年度”，而非“获利年度”或“成立年度”等。

3. 从事符合条件的环境保护、节能节水项目的所得。

（1）具体项目：公共污水处理、公共垃圾处理、沼气综合开发利用、节能减排技术改造、海水淡化等。

（2）优惠内容：该所得自项目取得第一笔生产经营收入所属纳税年度起，享受企业所得税“三免三减半”优惠。

提示 优惠开始的年度是“取得第一笔生产经营收入所属纳税年度”，而非“获利年度”等。

（3）项目转让：减免税期限内转让的，受让方自受让之日起，可在剩余期限内享受规定的减免税优惠；减免税期限届满后转让的，受让方不得就该项目重复享受减免税待遇。

4. 继续实施农村饮水安全工程所得。（新增）

对农村饮水工程运营管理单位从事《公共基础设施项目企业所得税优惠目录》规定的饮水工程新建项目投资经营的所得，自项目取得第一笔生产经营收入所属纳税年度起，第一年至第三年免征企业所得税，第四年至第六年减半征收企业所得税。

5. 符合条件的技术转让所得。（重要）

要点	具体规定
基本规定	（1）在一个纳税年度内，居民企业技术转让所得不超过500万元的部分，免征企业所得税；超过500万元的部分，减半征收企业所得税。 （2）计算公式： 技术转让所得＝技术转让收入－技术转让成本－相关税费 （3）技术转让收入，是指当事人履行技术转让合同后获得的价款，不包括销售或转让设备、仪器、零部件、原材料等非技术性收入。 提示 考生应注意辨析“技术转让所得”与“技术转让收入”的差异
技术转让的范围	居民企业转让专利技术、计算机软件著作权、集成电路布图设计权、植物新品种、生物医药新品种、转让5年以上（含5年）非独占许可使用权等
核算要求	企业应单独计算技术转让所得，并合理分摊企业的期间费用；没有单独计算的，不得享受该优惠政策

续表

要点	具体规定
登记与审批	（1）技术转让应签订技术转让合同。 （2）境内的技术转让须经省级以上（含省级）科技部门认定登记。 （3）跨境的技术转让须经省级以上（含省级）商务部门认定登记，涉及财政经费支持的技术转让须省级以上（含省级）科技部门审批
不享受优惠的情形	（1）居民企业取得禁止出口和限制出口技术转让所得。 （2）居民企业从直接或间接持有股权之和达到100%的关联方取得的技术转让所得（家人之间）

6. 生产和装配伤残人员专门用品企业的所得。（新增）

至2027年12月31日，对符合下列条件的居民企业，免征企业所得税：

（1）生产和装配伤残人员专门用品，且在民政部发布的《中国伤残人员专门用品目录》范围之内。

（2）以销售本企业生产或者装配的伤残人员专门用品为主，其所取得的年度伤残人员专门用品销售收入（不含出口取得的收入）占企业收入总额60%以上。

7. 经营性文化事业单位转制为企业的所得。（新增）

经营性文化事业单位转制为企业，自转制注册之日起五年内免征企业所得税。

（二）小型微利企业优惠

小型微利企业界定	从事国家非限制和禁止行业，且同时符合年度应纳税所得额不超过300万元、从业人数不超过300人（不分行业）、资产总额不超过5 000万元（不分行业）三个条件的企业（记忆为：335）
具体规定（调整）	2023年1月1日至2027年12月31日，对小型微利企业年应纳税所得额不超过300万元的部分，减按25%计入应纳税所得额，按20%的税率缴纳企业所得税（实际税负5%）

（三）加计扣除优惠

要点	具体规定
企业研究开发费（调整）	1. 企业开展研发活动中实际发生的研发费用，未形成无形资产计入当期损益的，在按规定据实扣除的基础上，自 2023 年 1 月 1 日起，再按照实际发生额的 100% 在税前加计扣除；形成无形资产的，自 2023 年 1 月 1 日起，按照无形资产成本的 200% 在税前摊销。 提示1 未形成无形资产的，计算会计利润时，研发费用已计入管理费用全额扣除；在计算应纳税所得额时，研发费用应再加计扣除 100%，调减应纳税所得额。 提示2 烟草制造业、住宿和餐饮业、批发和零售业、房地产业、租赁和商务服务业、娱乐业等，不适用税前加计扣除政策。 2. 可以加计扣除的研究开发费（6 项）：直接人员人工费用；直接投入费用；折旧费用；无形资产摊销费用；新产品设计费、新工艺规程制定费、新药研制的临床试验费、勘探开发技术的现场试验费；其他相关费用。 提示 其他相关费用总额，不得超过可加计扣除研发费用总额的 10%。 其他相关费用限额 = 上述允许加计扣除的研发费用中的前 5 项的费用之和 × 10% ÷ (1 − 10%)

续表

要点	具体规定
企业研究开发费（调整）	3. 失败的研发活动所发生的研发费用，可享受税前加计扣除政策。 4. 委托“境内”研发：企业委托（境内）外部研发机构或个人发生的研发费用可按照实际费用发生额的80%计入委托方的研发费用加计扣除。 5. 委托“境外”研发：企业委托境外的研发费用，按照费用实际发生额的80%计入委托方的委托境外研发费用。委托境外研发费用不超过境内符合条件的研发费用2/3的部分，可以按规定在企业所得税税前加计扣除。 提示 企业委托“境外个人”发生的研发费用不得加计扣除。 受托方实际研发费用及加计扣除基数的确定：（1）境内外部机构或个人，研发费用据实扣除，加计扣除的基数为研发费用的80%。（2）境外机构（不含个人），研发费用据实扣除，加计扣除的基数为研发费用实际发生额的80%和境内符合条件（包括自身、委托境内外部机构和个人）的研发费用的2/3的较小者

续表

要点	具体规定
企业安置残疾人员所支付的工资	企业支付给残疾职工的工资，在进行企业所得税预缴申报时，允许据实计算扣除；在年度终了进行企业所得税年度申报和汇算清缴时，再按照支付给残疾职工工资的100%加计扣除。 提示 此项税收优惠政策属于纳税调减，不影响会计利润，不影响计算“三项经费”的工资总额。
基础研究加计扣除	1. 出资企业的税务处理：对企业出资给非营利性科研机构、高等学校和政府性自然科学基金用于基础研究的支出，在计算应纳税所得额时可按实际发生额在税前扣除，并可按100%在税前加计扣除。 2. 科研机构等的税务处理：对非营利性科研机构、高等学校等接收企业、个人和其他组织机构基础研究资金收入，免征企业所得税
提高集成电路和工业母机企业研发费用的加计扣除	集成电路企业和工业母机企业开展研发活动中实际发生的研发费用，未形成无形资产计入当期损益的，在按规定据实扣除的基础上，在2023年1月1日至2027年12月31日期间，再按照实际发生额的120%在税前扣除；形成无形资产的，在上述期间按照无形资产成本的220%在税前摊销

续表

要点	具体规定
企业预缴申报享受研发费用的加计扣除	2023 年 1 月 1 日起，企业预缴申报享受研发费用加计扣除

（四）海南自由贸易港企业所得税优惠

要点	具体规定
15% 税率优惠	对注册在海南自由贸易港并实质性运营的鼓励类产业企业，减按 15% 的税率征收企业所得税。 提示1 对总机构设在海南自贸港的符合条件的企业，仅就其设在海南自贸港的总机构和分支机构的所得，适用 15% 税率。 提示2 对总机构设在海南自贸港以外的企业，仅就其设在海南自贸港内的符合条件的分支机构的所得，适用 15% 税率

续表

要点	具体规定
免征优惠	对在海南自由贸易港设立的旅游业、现代服务业、高新技术产业企业新增境外直接投资取得的所得，免征企业所得税。 提示 新增境外直接投资所得，应当符合以下条件：(1) 从境外新设分支机构取得的营业利润，或从持股比例超过20%（含）的境外子公司分回的，与新增境外直接投资相对应的股息所得。(2) 被投资国家（地区）的企业所得税法定税率不低于5%
新购置资产优惠	对在海南自由贸易港设立的企业： 1. 新购置（含自建、自行开发）固定资产或无形资产，单位价值不超过500万元（含）的，允许一次性计入当期成本费用在计算应纳税所得额时扣除，不再分年度计算折旧和摊销。 2. 新购置（含自建、自行开发）固定资产或无形资产，单位价值超过500万元的，可以缩短折旧、摊销年限或采取加速折旧、摊销的方法。 提示 固定资产，是指除房屋、建筑物以外的固定资产

（五）其他税收优惠

要点	具体规定
创投投资企业优惠	1. 创业投资企业，采取股权投资方式直接投资于初创科技型企业满2年的，可以按照其投资额的70%在股权持有满2年的当年抵扣该创业投资企业的应纳税所得额。当年不足抵扣的，可以在以后纳税年度结转抵扣 2. 创业投资企业采取股权投资方式投资于未上市的中小高新技术企业2年（24个月）以上，符合条件的，可以按照其对中小高新技术企业投资额的70%，在股权持有满2年的当年抵扣该创业投资企业的应纳税所得额；当年不足抵扣的，可以在以后纳税年度结转抵扣
加速折旧优惠	1. 可以采取缩短折旧年限或者采取加速折旧方法的固定资产，包括： （1）由于技术进步，产品更新换代较快的固定资产。 （2）常年处于强震动、高腐蚀状态的固定资产。 提示1 采取缩短折旧年限，最低折旧年限不得低于“税法规定”折旧年限的60%。 提示2 采取加速折旧，可以采取双倍余额递减法或年数总和法。

续表

要点	具体规定
加速折旧优惠	2. 设备、器具等固定资产一次性扣除规定：企业在2024年1月1日至2027年12月31日期间新购进的设备、器具（指除房屋、建筑物以外的固定资产），单位价值不超过500万元的，允许一次性计入当期成本费用在计算应纳税所得额时扣除，不再分年度计算折旧；单位价值超过500万元的，仍按照相关规定执行
减计收入优惠	1. 企业以规定的资源作为主要原材料，生产国家非限制和禁止并符合国家和行业相关标准的产品取得的收入，减按90%计入收入总额。 2. 支持农村金融发展： （1）对金融机构农户小额贷款的利息收入，在计算应纳税所得额时，按90%计入收入总额。 （2）对保险公司为种植业、养殖业提供保险业务取得的保费收入，在计算应纳税所得额时，按90%计入收入总额

续表

要点	具体规定
税额抵免优惠	1. 企业"购置并实际使用"规定的"环境保护、节能节水、安全生产"等专用设备的，该专用设备的投资额的10%可以从企业当年的应纳税额中抵免；当年不足抵免的，可以在以后5个纳税年度结转抵免。 2. 享受上述优惠的企业，应当实际购置并自身实际投入使用上述规定的专用设备。 3. 企业购置上述专用设备在5年内转让、出租的，应当停止享受企业所得税优惠并补缴已经抵免的企业所得税税款。 4. 增值税一般纳税人购进固定资产的进项税额，如允许抵扣，其专用设备投资额不包括进项税额；如进项税额不允许抵扣，其专用设备投资额应为增值税专用发票上注明的价税合计金额。 提示 此项税收优惠政策抵免的是"应纳税额"，而非"应纳税所得额"，考生应注意辨析
特殊行业优惠	1. 关于保险保障基金有关税收政策。(新增) 至2027年12月31日止，对中国保险保障基金有限责任公司（以下简称保险保

续表

要点	具体规定
特殊行业优惠	障基金公司）根据《保险保障基金管理办法》取得的下列收入，免征企业所得税：（1）境内保险公司依法缴纳的保险保障基金；（2）依法从撤销或破产保险公司清算财产中获得的受偿收入和向有关责任方追偿所得，以及依法从保险公司风险处置中获得的财产转让所得；（3）接受捐赠收入；（4）银行存款利息收入；（5）购买政府债券、中央银行、中央企业和中央级金融机构发行债券的利息收入；（6）国务院批准的其他资金运用取得的收入。 2. 企业投资者持有 2024—2027 年发行的铁路债券取得的利息收入减半征收企业所得税。（新增） 3. 创新企业境内发行存托凭证试点阶段有关税收政策。（新增） （1）对企业投资者转让创新企业 CDR 取得的差价所得和持有创新企业 CDR 取得的股息红利所得，按转让股票差价所得和持有股票的股息红利所得政策规定征免企业所得税。 （2）对公募证券投资基金（封闭式证券投资基金、开放式证券投资基金）转让创新企业 CDR 取得的差价所得和持有创新企业 CDR 取得的股息红利所得，按公募证券投资基金税收政策规定暂不征收企业所得税。

续表

要点	具体规定
特殊行业优惠	(3) 对合格境外机构投资者（QFII）、人民币合格境外机构投资者（RQFII）转让创新企业 CDR 取得的差价所得和持有创新企业 CDR 取得的股息红利所得，视同转让或持有据以发行创新企业 CDR 的基础股票取得的权益性资产转让所得和股息红利所得征免企业所得税

学习心得

要点⑱ 非居民企业税收优惠

要点	具体规定
低税率优惠	在我国未设立机构场所，或设立机构场所，但取得的所得与机构场所没有实际联系的非居民企业减按10%的税率征收企业所得税
免税优惠	1. 外国政府向中国政府提供贷款取得的利息所得。 2. 国际金融组织向中国政府和居民企业提供优惠贷款取得的利息所得。 3. 经国务院批准的其他所得

学习心得

要点19 应纳税额的计算

本要点仅介绍居民企业应纳税额的计算和居民企业的核定征收。

要点	具体规定
应纳税额的计算	应纳“税额”的计算公式： 应纳税额 = 应纳税所得额 × 适用税率 − 减免税额 − 抵免税额
核定征收	方法一：核定应税所得率（定率），适用于能正确核算（查实）、合理计算推定纳税人的收入总额，或者能正确核算（查实）、合理计算推定纳税人的成本费用总额。 方法二：核定税额（定额），适用于纳税人的收入总额和成本费用总额均不能查实和合理计算推定的情形。 提示 “应税所得率”，可理解为会计上的“利润率”
	1. 应纳所得税额的计算公式： （1）应纳税所得额 = 应税收入额 × 应税所得率 （2）应纳税所得额 = 成本（费用）支出额 ÷（1 − 应税所得率）× 应税所得率 2. 应纳税额的计算公式： 应纳所得税额 = 应纳税所得额 × 适用税率

要点20 征收管理

要点	具体规定
纳税地点	1. 居民企业：除另有规定外，以企业登记注册地为纳税地点，但登记注册地在境外的，以实际管理机构所在地为纳税地点。 2. 非居民企业：非居民企业，以机构、场所所在地或扣缴义务人所在地为纳税地点
纳税期限	企业所得税按年计征，分月或者分季预缴，年终汇算清缴，多退少补。 1. 企业在1个纳税年度中间开业，或者由于合并、关闭等原因终止经营活动，使该纳税年度的实际经营期不足12个月的，应当以其实际经营期为1个纳税年度。 2. 企业依法清算，应以清算期间为1个纳税年度。 3. 企业应当自年度终了之日起5个月内，向税务机关报送年度企业所得税纳税申报表，并汇算清缴，结清应缴应退税款。 4. 企业在年度中间终止经营活动的，应当自实际经营终止之日起60日内，向税务机关办理当期企业所得税汇算清缴

续表

要点	具体规定
纳税申报	1. 按月或按季预缴的，企业应当自月份或者季度终了之日起 15 日内，向税务机关报送预缴企业所得税纳税申报表，预缴税款。 2. 企业在纳税年度无论盈利或亏损，都需按期申报

学习心得

第五章　个人所得税法

本章要点提示

考情解读

根据历年考情分析，本章为考试的重点章节，客观题、主观题均会考核，特别是计算问答题每年必考，分值在10分左右。其中，个人所得税征税范围、综合所得税额的计算、税收优惠、应纳税额计算中的特殊问题处理为本章高频考点。

备考指南

本章主要介绍了个人所得税知识点。作为重点章节，考生需要掌握或熟悉纳税人、征税范围、税率、计税依据、应纳税额的计算、税收优惠、征收管理等知识点。整体而言本章学习难度较大，需要掌握的知识点较多，考试分值较高，考生需要高度重视。

教材变化

2024年本章调整内容：

（1）调整了子女教育、赡养老人、3岁以下婴幼儿照护等专项附加扣除标准。

（2）删除了雇主为雇员承担全年一次性奖金部分税款有关个人所得税的计算方法。

（3）删除了与新冠疫情有关的减免税规定。

（4）调整了个体工商户的税收优惠规定。

（5）调整了脱贫人口的个人所得税政策。

（6）调整了关于创业投资企业个人合伙人和天使投资个人有关个人所得税的规定。

（7）调整了个人取得股权期权等股权激励和现金奖励等征税问题的规定。

（8）调整了办理2022年度个人所得税综合所得汇算清缴事项的规定。

要点 1 纳税人

（一）个人所得税（简称“个税”）的纳税人，包括自然人、个体工商户、个人独资企业业主、合伙企业自然人合伙人

（二）纳税人，依据住所和居住时间两个标准，区分为居民个人和非居民个人，分别承担不同的纳税义务

要点（类别）	判定标准	纳税义务
居民个人	1. 住所标准：是指因户籍、家庭、经济利益关系而在中国境内习惯性居住。 2. 居住时间标准：在中国境内无住所，而一个纳税年度内在中国境内居住累计满 183 天的个人	无限纳税义务：其所取得的应纳税所得，无论是来源于中国境内还是中国境外任何地方，都要在中国缴纳个税
非居民个人	1. 住所标准：在我国无住所又不居住。 2. 居住时间标准：无住所而一个纳税年度内在境内居住累计不满 183 天的个人	有限纳税义务：只就其来源于中国境内的所得，向中国缴纳个税

要点2 征税范围（9项）

征税范围	具体规定
工资、薪金所得	是指个人因“任职或者受雇”而取得的工资、薪金，奖金，年终加薪，劳动分红，津贴，补贴以及与任职或者受雇有关的其他所得
劳务报酬所得	是指个人“独立”从事各种“非雇用”的劳务取得的所得
稿酬所得	是指个人因其作品以图书、报刊形式出版、发表而取得的所得
特许权使用费所得	是指个人提供专利权、商标权、著作权、非专利技术以及其他特许权的使用权取得的所得
经营所得	经营所得，包括以下四个方面： 1. 个体工商户从事生产、经营活动取得的所得，个人独资企业投资人、合伙企业的个人合伙人来源于境内注册的个人独资企业、合伙企业生产、经营的所得。 2. 个人依法从事办学、医疗、咨询以及其他有偿服务活动取得的所得。

续表

征税范围	具体规定
经营所得	3. 个人对企业、事业单位承包经营、承租经营以及转包、转租取得的所得。 4. 个人从事其他生产、经营活动取得的所得
利息、股息、红利所得	是指个人拥有“债权、股权”等而取得的利息、股息、红利所得
财产租赁所得	是指个人出租建筑物、土地使用权、机器设备、车船以及其他财产取得的所得
财产转让所得	是指个人转让有价证券、股权、合伙企业中的财产份额、不动产、机器设备、车船以及其他财产取得的所得
偶然所得	是指个人得奖、中奖、中彩以及其他偶然性质的所得

提示 三点说明：

(1) 居民个人取得第1项至第4项所得（简称“前四项所得”）称为“综合所得”，按纳税年度合并计算个税。

(2) 非居民个人取得前4项所得，按月或者按次分项计算个税。

(3) 纳税人（包括居民纳税人，非居民纳税人）取得第5项至第9项所得，分别计算个税。

学习心得

要点③ 所得来源地的确定

除另有规定外，下列所得不论支付地点是否在中国境内，均为来源于中国境内的所得：

1. 因任职、受雇、履约等而在中国境内提供劳务取得的所得。（劳务发生地）

2. 将财产出租给承租人在中国境内使用而取得的所得。（使用地）

3. 转让中国境内的不动产等财产或者在中国境内转让其他财产取得的所得。（财产所在地）

4. 许可各种特许权在中国境内使用而取得的所得。（使用地）

5. 从中国境内企业、事业单位、其他组织以及居民个人取得的利息、股息、红利所得。（支付地）

提示　考生应注意辨析“所得的来源地”和“所得的支付地”的差异：（1）来源于中国境内的所得，其支付地可能在境内，也可能在境外；（2）来源于中国境外的所得，其支付地可能在境外，也可能在境内。

要点 4 税率

个人所得税有两种税率形式：超额累进税率、比例税率。

（一）综合所得个人所得税税率表

级数	全年应纳税所得额	税率（%）	速算扣除数（元）
1	不超过 36 000 元的	3	0
2	超过 36 000 元至 144 000 元的部分	10	2 520
3	超过 144 000 元至 300 000 元的部分	20	16 920
4	超过 300 000 元至 420 000 元的部分	25	31 920
5	超过 420 000 元至 660 000 元的部分	30	52 920
6	超过 660 000 元至 960 000 元的部分	35	85 920
7	超过 960 000 元的部分	45	181 920

提示 综合所得个人所得税税率表适用于：

(1) 居民个人综合所得；

(2) 居民个人工资、薪金所得预扣预缴；

(3) 与单位解除劳动关系的一次性补偿；

(4) 职工提前退休的一次性补贴；

(5) 股权激励的行权；

(6) 企业年金按年领取或因特殊原因一次性领取。

(二) 非居民个人工资、薪金所得，劳务报酬所得、稿酬所得、特许权使用费所得适用税率表

级数	应纳税所得额	税率（%）	速算扣除数（元）
1	不超过 3 000 元的	3	0
2	超过 3 000 元至 12 000 元的部分	10	210
3	超过 12 000 元至 25 000 元的部分	20	1 410
4	超过 25 000 元至 35 000 元的部分	25	2 660
5	超过 35 000 元至 55 000 元的部分	30	4 410

续表

级数	应纳税所得额	税率（%）	速算扣除数（元）
6	超过55 000元至80 000元的部分	35	7 160
7	超过80 000元的部分	45	15 160

提示 非居民个人工资、薪金所得，劳务报酬所得、稿酬所得、特许权使用费所得税率表，还适用于：

(1) 内部退养一次性补贴；

(2) 年金按月或按季领取或除特殊原因外一次性领取。

（三）经营所得个人所得税税率表

级数	全年应纳税所得额	税率（%）	速算扣除数（元）
1	不超过30 000元的	5	0
2	超过30 000元至90 000元的部分	10	1 500
3	超过90 000元至300 000元的部分	20	10 500

续表

级数	全年应纳税所得额	税率（%）	速算扣除数（元）
4	超过 300 000 元至 500 000 元的部分	30	40 500
5	超过 500 000 元的部分	35	65 500

（四）其他所得适用税率

1. 利息、股息、红利所得，财产转让所得和偶然所得适用比例税率，税率为 20%。

2. 财产租赁所得适用比例税率，税率为 20%。财产租赁所得中，个人出租“住房”取得的所得，减按 10% 的税率征税。

学习心得

要点5 应纳税所得额的一般规定

（一）基本规定

个人所得税的征税方法有三种。

征税方法	具体规定
按年计征	适用于居民个人取得的综合所得，经营所得
按月计征	适用于非居民个人取得的工资、薪金所得。但是，非居民个人取得的劳务报酬所得、稿酬所得、特许权使用费所得，按次计征
按次计征	适用于利息、股息、红利所得，财产租赁所得，财产转让所得，偶然所得

（二）收入“次”确定的一般规定

1. 非居民个人取得劳务报酬所得、稿酬所得、特许权使用费所得，属于一次性收入的，以取得该项收入为一次；属于同一项目连续性收入的，以一个月内取得的收入为一次。

2. 财产租赁所得，以一个月内取得的收入为一次。

3. 利息、股息、红利所得，以支付利息、股息、红利时取得的收入为一次。

4. 偶然所得，以每次取得该项收入为一次。

5. 居民个人的劳务报酬所得。

（1）完成一次劳务后取得的收入，属于一次性的收入，应以每次提供劳务取得的收入为一次。

（2）如果一次性劳务报酬收入以分月支付方式取得的，适用同一事项连续取得收入，以一个月内取得的收入为一次的规定。

学习心得

要点⑥ 综合所得应纳税额的计算——年度汇算清缴

（一）应纳税所得额的确定

居民个人取得综合所得，以每一纳税年度的“收入额”减除费用60 000元，以及专项扣除、专项附加扣除和依法确定的其他扣除后的余额，为应纳税所得额。

（二）关于年度“收入额”的确定

1. 工资、薪金所得，以全部收入作为收入额。

2. 劳务报酬所得、特许权使用费所得，以收入的80%作为收入额。即劳务报酬所得、特许权使用费所得以收入减除20%的费用后的余额为收入额。

3. 稿酬所得，以收入的80%减按70%计算，即以收入的56%作为收入额。

提示 考生应注意辨析“收入”与“收入额”的差异。

（三）关于年度各项扣除

1. 固定“生计费”，全年减除60 000元。

2. 专项扣除，包括居民个人按照国家规定的范围和标准缴纳的基本养老保险、

基本医疗保险、失业保险等社会保险费和住房公积金等。（三险一金）

3. 专项附加扣除，包括3岁以下婴幼儿照护、子女教育、继续教育、大病医疗、住房贷款利息“或者”住房租金、赡养老人等支出。

4. 依法确定的其他扣除，包括个人缴付符合国家规定的企业年金、职业年金，个人购买符合国家规定的商业健康保险（200元/月，2 400元/年）、税收递延型商业养老保险的支出，以及国务院规定可以扣除的其他项目。

提示1　专项扣除、专项附加扣除和依法确定的其他扣除，以居民个人一个纳税年度的应纳税所得额为限额；一个纳税年度扣除不完的，不结转以后年度扣除。

提示2　企业所得税：纳税人发生年度亏损的，可以用下一纳税年度的所得弥补；下一纳税年度的所得不足弥补的，可以逐年延续弥补，但是延续弥补期最长（一般）不得超过5年。

要点7 综合所得应纳税额的计算——专项附加扣除（7项）

（一）基本规定

1. 取得综合所得和经营所得的居民个人，可以享受专项附加扣除。

2. 纳税人及其配偶在一个纳税年度内，不能同时分别享受住房贷款利息和住房租金专项附加扣除。

3. 大病医疗应在汇算清缴时扣除，预扣预缴时不得扣除。

4. 除大病医疗外，专项附加扣除项目，均为定额扣除，而非据实扣除。

（二）具体扣除标准

要点	具体规定（标准）
3岁以下婴幼儿照护。（调整）	1. 扣除标准：每个婴幼儿每月2 000元的标准定额扣除。 2. 父母可选择由其中一方按扣除标准的100%扣除，也可分别按扣除标准的50%扣除，具体扣除方式在一个纳税年度内不得变更
子女教育（调整）	1. 扣除标准：每个子女每月2 000元的标准定额扣除。 2. 子女教育，包括学前教育和学历教育

续表

要点	具体规定（标准）
继续教育	1. 学历（学位）继续教育扣除标准：每月 400 元定额扣除。 2. 学历（学位）继续教育，为在中国“境内”接受学历（学位）继续教育入学的当月至学历（学位）继续教育结束的当月，同一学历（学位）继续教育的扣除期限最长不得超过 48 个月。 3. 职业资格继续教育、专业技术人员职业资格继续教育扣除标准，在取得相关证书的当年，按照 3 600 元定额扣除。 提示 个人接受本科及以下学历（学位）继续教育，符合税法规定扣除条件的，可以选择由其父母扣除，也可以选择由本人扣除
大病医疗	1. 在一个纳税年度内，纳税人发生的与基本医保相关的医药费用支出，扣除医保报销后个人负担（指医保目录范围内的自付部分）累计超过 1.5 万元的部分，由纳税人在办理“年度汇算清缴时”，在 8 万元限额内据实扣除。 2. 纳税人发生的医药费用支出，可以选择由本人或者其配偶扣除。 3. 未成年子女发生的医药费用支出，可以选择由其父母一方扣除。 提示 纳税人及其配偶、未成年子女发生的医药费用支出，按规定应分别计算扣除额

续表

要点	具体规定（标准）
住房贷款利息	1. 纳税人本人或者配偶，单独或者共同使用商业银行或者住房公积金个人住房贷款，为本人或者其配偶购买中国境内住房，发生的首套住房贷款利息支出，在实际发生贷款利息的年度，按照每月 1 000 元的标准定额扣除，扣除期限最长不超过 240 个月。 2. 经夫妻双方约定，可以选择由其中一方扣除，具体扣除方式在一个纳税年度内不能变更。 提示 扣除期限，是指贷款合同约定开始还款的当月至贷款全部归还或贷款合同终止的当月，扣除期限最长不得超过 240 个月
住房租金	1. 纳税人在主要工作城市没有自有住房而发生的住房租金支出，可以按照规定标准定额扣除。 2. 夫妻双方主要工作城市相同的，只能由一方扣除住房租金支出
赡养老人（调整）	1. 纳税人赡养一位及以上被赡养人的赡养支出，统一按照规定标准定额扣除：纳税人为独生子女的，按照每月 3 000 元的标准定额扣除；纳税人为非独生子女的，由其与兄弟姐妹分摊每月 3 000 元的扣除额度，每人分摊的额度不能超过每月 1 500 元。

续表

要点	具体规定（标准）
赡养老人（调整）	2. 被赡养人，是指年满 60 岁的父母，以及子女均已去世的年满 60 岁的祖父母、外祖父母。 3. 父母，是指生父母、继父母、养父母。 4. 计算时间，为被赡养人年满 60 岁的当月至赡养义务终止的年末。 提示1 纳税人同时赡养多位符合条件的老人，每月最多也只能扣除 3 000 元，即本项不得累加。 提示2 赡养多名老人的也只能按照规定和标准扣除一份费用；但子女教育和 3 岁以下婴幼儿照护费用，则是多名子女的，可扣多份

学习心得

要点 8 综合所得应纳税额的计算——预扣预缴

（一）工资、薪金所得。（按月预扣预缴）

1. 扣缴义务人向居民个人支付工资、薪金所得时，应当按照累计预扣法计算预扣税款，并按月办理扣缴申报。

2. 累计预扣预缴应纳税所得额 = 累计收入 - 累计免税收入 - 累计减除费用 - 累计专项扣除 - 累计专项附加扣除 - 累计依法确定的其他扣除

3. 本期应预扣预缴税额 =（累计预扣预缴应纳税所得额 × 预扣率 - 速算扣除数）- 累计减免税额 - 累计已预扣预缴税额

提示 1 累计减除费用，按照 5 000 元/月乘以纳税人当年截至本月，在本单位的任职受雇月份数计算。

提示 2 居民个人向扣缴义务人提供有关信息并依法要求办理专项附加扣除的，扣缴义务人应当按照规定在工资、薪金所得按月预扣预缴税款时予以扣除，不得拒绝。

（二）劳务报酬所得。（按次预缴）

1. 预扣预缴应纳税所得额 = 每次收入 - 800 元或收入的 20%

2. 应预扣预缴税额 = 预扣预缴应纳税所得额 × 预扣率 - 速算扣除数

（三）特许权使用费所得。（按次预缴）

1. 预扣预缴应纳税所得额 = 每次收入 - 800 元或收入的 20%

2. 应预扣预缴税额 = 预扣预缴应纳税所得额 × 20%

（四）稿酬所得。（按次预缴）

1. 按次预缴时，以每次收入减除费用 800 元或 20%，再减按 70% 为每次预缴的应纳税所得额。

2. 应预扣预缴税额 = 预扣预缴应纳税所得额 × 20%

提示1 劳务报酬所得、特许权使用费所得、稿酬所得的应纳税所得额确定与汇算清缴时的确定方法不同。

提示2 年度预扣预缴税额与年度应纳税额不一致的，由居民个人于次年 3 月 1 日至 6 月 30 日办理综合所得年度汇算清缴，税款多退少补。

要点⑨ （全年）综合所得应纳税额的计算

<table>
<tr><th rowspan="2">要点</th><th colspan="2">应纳税所得额</th><th rowspan="2">应纳税额</th></tr>
<tr><th>计入综合所得的收入额</th><th>扣除项目</th></tr>
<tr><td>工资、薪金所得</td><td>收入全额计入收入额</td><td rowspan="4">1. 基本减除费用60 000元。
2. 专项扣除。
3. 专项附加扣除。
4. 依法确定的其他扣除</td><td rowspan="4">全年应纳税额 = Σ（每一级数的全年应纳税所得额 × 对应级数的适用税率）=（全年收入额 - 60 000元 - 专项扣除 - 享受的专项附加扣除 - 享受的其他扣除）× 适用税率 - 速算扣除数</td></tr>
<tr><td>劳务报酬所得</td><td rowspan="2">实际取得劳务报酬、特许权使用费收入的80%</td></tr>
<tr><td>特许权使用费所得</td></tr>
<tr><td>稿酬所得</td><td>实际取得稿酬收入的56%（80% ×70%）</td></tr>
</table>

要点⑩ 非居民个人“前四项”所得应纳税额的计算

（一）基本规定

1. 非居民个人取得前四项所得，仍然保留分类征收的方式，不使用综合征收的方式，年终不办理汇算清缴。

2. 非居民个人取得前四项所得，有扣缴义务人的，由扣缴义务人按月或者按次代扣代缴税款。

（二）应缴纳所得额的计算

要点	应纳税所得额	应纳税额
工资、薪金所得	每月收入额－5 000 元	每月或每次应纳税额＝应纳税所得额×适用税率－速算扣除数
劳务报酬所得	实际取得劳务报酬收入的 80%	
特许权使用费所得	实际取得特许权使用费收入的 80%	
稿酬所得	实际取得稿酬收入 56%（80%×70%）	

要点11 经营所得和个体工商户应纳税额的计算

（一）经营所得的计算

1. 年应纳税所得额＝年收入总额－成本、费用、损失

2. 成本、费用、损失。

（1）成本、费用，是指生产、经营活动中发生的各项直接支出和分配计入成本的间接费用以及销售费用、管理费用、财务费用。

（2）损失，是指生产、经营活动中发生的固定资产和存货的盘亏、毁损、报废损失，转让财产损失，坏账损失，自然灾害等不可抗力因素造成的损失以及其他损失。

3. 取得经营所得的个人（个体工商户业主、个人独资企业投资者和合伙企业的自然人投资者本人），没有综合所得的，计算其每一纳税年度的应纳税所得额时，应当减除：费用60 000元、专项扣除、专项附加扣除以及依法确定的其他扣除。

4. 对企事业单位的承包经营、承租经营所得，以每一纳税年度的收入总额，

减除必要费用后的余额，为应纳税所得额。

（二）个体工商户应纳税额的计算

要点	具体规定
收入总额	包括：销售货物收入、提供劳务收入、转让财产收入、利息收入、租金收入、接受捐赠收入、其他收入
成本、费用、损失	1. 对于生产经营与个人、家庭生活混用难以分清的费用，其40%视为与生产经营有关的费用，准予扣除。 2. 实际支付给从业人员的、合理的工资、薪金支出，准予扣除。 提示 业主本人的费用扣除标准，确定为60 000元/年；业主的工资、薪金支出不得在税前扣除。 3. 为从业人员缴纳的补充养老保险费、补充医疗保险费，分别在不超过从业人员工资总额5%标准内的部分据实扣除。 提示 业主本人缴纳的补充养老保险费、补充医疗保险费，以当地（地级市）上年度社会平均工资的3倍为计算基数，分别在不超过该计算基数5%标准内的部分据实扣除。 4. 拨缴的工会经费，实际发生的职工福利费支出，职工教育经费支出分别在

续表

要点	具体规定
成本、费用、损失	工资、薪金总额的2%、14%、2.5%的标准内据实扣除。 提示 业主本人缴纳的工会经费、实际发生的职工福利费支出、职工教育经费支出，以当地（地级市）上年度社会平均工资的3倍为计算基数，在上述规定比例内据实扣除。 5. 代其从业人员或他人负担的税款，不得税前扣除。 6. 照章缴纳的摊位费、行政性收费、协会会费等，按实际发生数额扣除。 7. 自申请营业执照之日起至开始生产经营之日止所发生符合规定的费用，除为取得固定资产、无形资产的支出，以及应计入资产价值的汇兑损益、利息支出外，还作为开办费，按照规定扣除。 提示 开始生产经营之日，为取得第一笔销售（营业）收入的日期。 8. 研究开发新产品、新技术、新工艺所发生的开发费用，以及研究开发新产品、新技术而购置单台价值在10万元以下的测试仪器和试验性装置的购置费准予直接扣除。 提示 资产损失、亏损弥补、保险费、利息支出、业务招待费、广告费和业务宣传费等与“企业所得税”的规定基本相同

续表

要点	具体规定
不得扣除的支出	个体工商户的下列支出不得扣除：（重要） 1. 个人所得税税款。 2. 税收滞纳金。 3. 罚金、罚款和被没收财物的损失。 4. 不符合扣除规定的捐赠支出。 5. 赞助支出，指各种非广告性质支出。 6. 用于个人和家庭的支出。 7. 与取得生产经营收入无关的其他支出 提示 企业所得税：税前不得扣除的项目共9项
应纳税额的计算公式	经营所得应纳税额 =（全年收入总额 − 成本、费用以及损失）× 适用税率 − 速算扣除数

提示1 “企业所得税”和“个人所得税经营所得”的相关规定，有相同与不同之处，考生应注意辨析。

提示2 自2023年1月1日至2027年12月31日，对个体工商户年应纳税所得额不超过200万元的部分，减半征收个人所得税。个体工商户在享受现行其他个人所得税优惠政策的基础上，可叠加享受本条优惠政策。

学习心得

要点⑫ 财产租赁所得应纳税额的计算

要点	具体规定
收入的确定	财产租赁所得，以一个月内取得的收入为一次；个人出租房屋的个人所得税应税收入不含增值税
费用的扣除	财产租赁收入应“依次扣除”以下费用： 1. 财产租赁过程中缴纳的税金和国家能源交通重点建设基金、国家预算调节基金、教育费附加。 2. 由纳税人负担的该出租财产实际开支的修缮费用，修缮费用的扣除每月以 800 元为限，一次扣除不完的余额可无限期结转抵扣。 3. 税法规定的费用扣除标准：经减除上述 1、2 项后，如果余额不足 4 000 元，则减去 800 元，如果余额超过 4 000 元，则减去 20%。 提示 扣除费用包括两部分，一是个人在租赁过程中发生的费用，二是税法规定的费用。可理解为个人取得的收入减除个人发生的费用后的“纯收入”与税法规定的 4 000 元比较，或减除税法规定的 800 元，或减除税法规定的 20%
计算公式	1. 每次（月）（纯）收入不足 4 000 元的： 应纳税所得额 = 每次（月）收入额 - 准予扣除项目 - 修缮费用（800 元为限）- 800 元

续表

要点	具体规定
计算公式	2. 每次（月）（纯）收入4 000元以上的： 应纳税所得额=[每次（月）收入额－准予扣除项目－修缮费用（800元为限）]×（1－20%）

学习心得

要点13 财产转让所得应纳税额的计算

要点	具体规定
应纳税所得额的确定	财产转让所得，以转让财产的收入额减除财产原值和合理费用后的余额，为应纳税所得额
财产原值的确定	1. 有价证券，为买入价以及买入时按照规定缴纳的有关费用。 2. 建筑物，为建造费或者购进价格以及其他有关费用。 3. 土地使用权，为取得土地使用权所支付的金额、开发土地的费用以及其他有关的费用。 4. 机器设备、车船，为购进价格、运输费、安装费以及其他有关费用。 提示 纳税人未提供完整、准确的财产原值凭证，不能正确计算财产原值的，由主管税务机关核定其财产原值
合理费用的确定	卖出财产时按照规定支付的有关税费确定
应纳税额的计算公式	应纳税额＝应纳税所得额×适用税率＝(收入总额－财产原值－合理费用)×20%

提示 个人转让住房涉及增值税的相关规定：

(1) 个人将购买不足2年的住房对外销售的，按照5%的征收率全额缴纳增值税。

(2) 个人将购买2年以上（含2年）的住房对外销售的，除北、上、广、深外，免征增值税；北、上、广、深，普通住房免税，非普通住房按照5%的征收率差额缴纳增值税。

学习心得

要点14 利息、股息、红利所得应纳税额的计算

要点	具体规定
应纳税所得额的确定	1. 利息、股息、红利所得，以每次收入全额为应纳税所得额。 2. 利息、股息、红利所得，适用20%的比例税率。 3. 关于"次"，以支付利息、股息、红利时取得的收入为一次
应纳税额的计算公式	应纳税额 = 应纳税所得额 × 适用税率

提示1　外籍个人从外商投资企业取得的股息、红利所得，暂免征收个税。

提示2　储蓄存款利息，暂免征收个税。

提示3　个人股东获得转增的股本，应按照利息、股息、红利所得项目，征收个税。

要点15 偶然所得应纳税额的计算

1. 偶然所得，以每次收入额为应纳税所得额，以每次收入为一次。

2. 偶然所得的计算公式如下：

应纳税额＝应纳税所得额×适用税率＝每次收入额×20%

提示 偶然所得一般按照全额计算个人所得税，但受赠房屋的应纳税所得额有规定的减除项目。

学习心得

要点16 应纳税额计算中的特殊问题

（一）全年一次性奖金（含税）

要点	具体规定
全年一次性奖金范围	1. 年终加薪。 2. 实行年薪制、绩效工资办法的单位根据考核情况兑现的年薪。 3. 绩效工资。 **提示** 居民个人取得除全年一次性奖金以外的其他各种名目奖金，如半年奖、季度奖、加班奖、先进奖、考勤奖等，一律与当月工资、薪金合并，按税法规定缴纳个税
计税方法	居民个人取得全年一次性奖金，在2027年12月31日前，可选择不并入当年综合所得，按以下计税办法，由扣缴义务人发放时代扣代缴。（调整） 方法一：可以不并入当年综合所得，以全年一次性奖金收入除以12个月，按其商数依照按月换算后的综合所得税率表，确定适用税率和速算扣除数，单独计算纳税。 应纳税额=全年一次性奖金收入×适用税率-速算扣除数

续表

要点	具体规定
计税方法	提示 三个“一”：一个纳税年度内，对每一个纳税人，该计税办法只允许采用一次 方法二：也可以选择并入当年综合所得计算纳税

（二）商业健康保险

要点	具体规定
适用范围	取得工资、薪金所得，连续性劳务报酬所得的个人，以及取得个体工商户生产经营所得、对企事业单位的承包承租经营所得的个体工商户业主、个人独资企业投资者、合伙企业合伙人和承包承租经营者
税务处理	对个人购买符合规定的商业健康保险产品的支出，允许在当年（月）计算应纳税所得额时予以税前扣除，扣除限额为 2 400 元/年（200 元/月）

（三）无住所个人个税（部分）政策

1. 无住所的个人，可能是居民纳税人，也可能是非居民纳税人，这要取决于该个人在中国的居住时间，对其工资、薪金征税时首先要判定纳税人身份，以确定其纳税义务。

2. 工资、薪金所得来源地的确定。

（1）个人实际在中国境内工作期间取得的工资、薪金，不论是由中国境内还是境外企业或个人雇主支付，均属来源于中国境内的所得。

（2）个人实际在中国境外工作期间取得的工资、薪金，不论是由中国境内还是境外企业或个人雇主支付，均属于来源于中国境外的所得。

3. 无住所的个人取得工资、薪金所得的纳税义务。

居住时间	纳税人性质	境内所得		境外所得	
		境内支付	境外支付	境内支付	境外支付
累计不超过 90 天	短期非居民	√	免税	×高管交	×

续表

居住时间	纳税人性质	境内所得		境外所得	
		境内支付	境外支付	境内支付	境外支付
累计 90－183 天	长期非居民	√	√	×高管交	×
累计满 183 天的年度连续不满 6 年	短期居民	√	√	√	免税
累计满 183 天的年度连续满 6 年	长期居民	√	√	√	√

学习心得

要点⑰ 免征优惠

（一）与工资、福利等相关的优惠

1. 按照国家统一规定发给的补贴、津贴，免税。

2. 福利费、抚恤金、救济金，免税。

3. 军人的转业费、复员费，退役士兵按规定取得的一次性退役金及地方政府发放的一次性经济补助，免税。

4. 按照国家统一规定发给干部、职工的安家费、退职费、基本养老金或者退休费、离休费、离休生活补助费，免税。

提示　退休人员再任职取得的收入，在减除按照规定的费用扣除标准后，按工资、薪金所得项目计税。

5. 高级专家延长离退休期间的工资、薪金视同离退休工资，免税。

6. 企业和个人按省级以上人民政府规定比例缴付的住房公积金、医疗保险金、基本养老保险金、失业保险金，允许在个人应纳税所得额中扣除，免征个税；超标缴付应计税。相应保险金存入个人银行账户所取得的利息收入，免税。

7. 个人领取原提存的住房公积金、医疗保险金、基本养老保险金，免税。

8. 生育妇女按规定取得的生育津贴、生育医疗费或其他属于生育保险性质的津贴、补贴，免税。

9. 对工伤职工及其近亲属按照规定取得的工伤保险待遇，免税。

提示 个人按规定缴付的社保及住房公积金，免税，享受相应待遇也免税。

10. 对法律援助人员按照《法律援助法》规定获得的法律援助补贴，免税。

（二）与奖金相关的优惠

1. 省级人民政府、国务院部委、中国人民解放军军以上单位，以及外国组织颁发的科学、教育、技术、文化、卫生、体育、环境保护等方面的奖金（奖学金），免税。（省级）

2. 符合规定的见义勇为奖金或奖品，免税。（需经主管税务机关核准）

3. 个人举报、协查各种违法、犯罪行为而获得的奖金，免税。

（三）与涉外人员相关的优惠

1. 外籍个人从外商投资企业取得的股息、红利所得，免税。

提示　外商投资企业不同于外国企业，考生应注意辨析。

2. 符合条件的外籍专家取得的工资、薪金，免税。

3. 各国驻华使馆、领事馆的外交代表、领事官员和其他人员的所得，免税。

4. 中国政府参加的国际公约以及签订的协议中，规定免税的所得。

（四）与投资相关的优惠（重要）

1. 国债和国家发行的金融债券利息、地方政府债券利息，免税。

2. 储蓄存款利息，免税。

3. 对按规定比例缴付的住房公积金、医疗保险金、基本养老保险金和失业保险金存入银行个人账户所取得的利息收入，免税。

4. 个人转让上市公司股票（流通股）取得的所得，暂免征收个税。（重要）

提示1　转让上市公司流通股免税，转让限售股纳税。

提示2 证券市场个人投资者的证券交易结算资金，孳生的利息所得，暂免征收个税。

5. 上市公司和全国中小企业股份转让系统挂牌公司的股息红利：（重要）

（1）持股期限≤1个月的，全额计税。

（2）持股期限＞1个月但≤1年的，暂减按50%计税。

（3）持股期限＞1年的，免税。

提示 考生应注意辨析“转让股票”与“取得股息、红利”税务处理的差异。

6. 个人投资者从投保基金公司取得的行政和解金，暂免征收个税。

（五）其他优惠

1. 个人转让自用达5年以上，并且是唯一的家庭生活居住用房取得的所得，免税。（满5唯一）

提示 增值税中一般满2免税，北上广深非普通住房满2差额计税。

2. 被拆迁人按照规定的标准，取得的拆迁补偿款，免税。

3. 个人办理代扣代缴税款，按规定取得的扣缴手续费，免税。

4. 储蓄机构内从事代扣代缴工作的办税人员取得的扣缴利息税，手续费所得，免税。

5. 保险赔款，免税。

6. 对个体工商户或个人，以及个人独资企业和合伙企业从事种植业、养殖业、饲养业和捕捞业，取得的所得暂不征收个税。（特殊行业）

7. 个人中奖所得。

（1）单张有奖发票奖金所得不超过 800 元（含）的，暂免征收个税；所得超过 800 元的，应全额征税。

（2）购买社会福利有奖募捐奖券、体育彩票一次中奖收入不超过 10 000 元的暂免征收个税，对一次中奖收入超过 10 000 元的，应全额征税。

要点18 减征优惠

减征情形	具体规定
个人投资者持有2024—2027年发行的铁路债券取得的利息收入	减按50%计入应纳税所得额计征个税（调整）
自2019年1月1日起至2027年12月31日，一个纳税年度内在船航行时间累计满183天的远洋船员，其取得的工资薪金收入	减按50%计入应纳税所得额，依法缴纳个税（调整）
自2023年1月1日至2027年12月31日，对个体工商户年应纳税所得额不超过200万元的部分，在现行优惠政策基础上	减半征收个人所得税。（调整） 提示 个体工商户不区分征收方式，均可享受
1. 残疾、孤老人员和烈属的所得。（特殊主体） 2. 因严重自然灾害遭受重大损失的（特殊事件）	可以减征个税

要点⑲ 境外所得的税额扣除

要点	具体规定
基本规定	1. 居民个人从中国境外取得的所得，可以从其应纳税额中抵免已在境外缴纳的个人所得税税额，但抵免额不得超过该纳税人境外所得依照（我国）税法规定计算的应纳税额。 2. 超过部分可以在以后纳税年度来源于该国家（地区）所得的抵免限额的余额中补扣。补扣期限最长不得超过5年
具体规定	1. 已在境外缴纳的个人所得税税额，是指居民个人来源于中国境外的所得，依照该所得来源国家（地区）的法律，应当缴纳并且实际已经缴纳的所得税税额。 2. 纳税人境外所得依照（我国）税法规定计算的应纳税额，是居民个人抵免已在境外缴纳的综合所得、经营所得以及其他所得的所得税税额的限额（简称“抵免限额”）。 3. 来源于中国境外一个国家（地区）的综合所得抵免限额、经营所得抵免限额以及其他所得抵免限额“之和”，为来源于该国家（地区）所得的抵免限额。 4. 居民个人在中国境外一个国家（地区）实际已经缴纳的个人所得税税额，低于依照前款规定计算出的来源于该国家（地区）所得的抵免限额的，应当在中国缴纳差额部分的税款

要点20 征收管理

（一）申报纳税

要点	具体规定
基本规定	个人所得税以全员全额扣缴申报为主，自行申报为辅。除经营所得以外的其他各类所得，均实行全员全额扣缴申报
纳税申报方式	纳税人，可以采用远程办税端（个人所得税 App）、邮寄等方式申报，也可以直接到主管税务机关申报
扣缴义务人的相关规定	1. 扣缴义务人应当在代扣税款的次月 15 日内，向主管税务机关报送扣缴信息。 2. 扣缴义务人未履行扣缴义务，应处以应扣未扣应收未收税款 50% 以上 3 倍以下罚款。 3. 支付工资薪金所得的扣缴义务人，应在年度终了后 2 个月内，向纳税人提供其个人所得和已扣缴税款等信息。 4. 扣缴义务人按规定扣缴的税款，按年付给 2% 的手续费

（二）综合所得汇算清缴

要点	具体规定
无需办理年度汇算的情形	纳税人已依法预缴个人所得税且符合下列情形之一的，无需办理年度汇算： 1. 纳税人年度汇算需补税但年度综合所得收入不超过 12 万元的。 2. 纳税人年度汇算需补税金额不超过 400 元的。 3. 纳税人已预缴税额与年度应纳税额一致的。 4. 符合年度汇算退税条件但不申请退税的。 提示 免于汇算的情形：收入低；补税少；不补退
需要办理年度汇算的情形	1. 已预缴税额大于年度应纳税额且申请退税的。 2. 综合所得收入超过 12 万元且需要补税金额超过 400 元的

第六章　城市维护建设税法和烟叶税法

本章要点提示

考情解读

根据历年考情分析，本章一般只考核客观题，基本不会考核主观题，分值在2分左右。其中，城市维护建设税税率、计税依据、税额的计算、税收优惠，烟叶税税率、计税依据、税额的计算为本章高频考点。

备考指南

本章主要介绍了城市维护建设税、烟叶税两个小税种以及教育费附加、地方教育附加两个附加知识点。和其他小税种一样，考生需要掌握或熟悉征税（收）范围、税率（计征比例）、计税（征）依据、税额（附加）的计算、税收优惠、征收管理等知识点。整体而言本章并无难点，但本章经常会结合增值税、消费税等一并考核，考生需要重视。

教材变化

2024年本章调整内容：相关税收优惠政策。

要点 1　城市维护建设税纳税人与征税范围

要点	具体规定
纳税人	以缴纳增值税、消费税的单位和个人为纳税人
扣缴义务人	为负有增值税、消费税扣缴义务的单位和个人，在扣缴增值税、消费税的同时扣缴城市维护建设税
征税范围	包括市区、县城、建制镇，以及税法规定的其他地区
	对进口货物或者境外单位和个人向境内销售劳务、服务、无形资产缴纳的增值税、消费税税额，不征收城市维护建设税（进口不征）

学习心得

要点 2 城市维护建设税税率

城市维护建设税，采用地区差别比例税率。

纳税人所在地	适用税率
纳税人所在地为市区（包括撤县建市的县级市）	7%
纳税人所在地为县城、镇	5%
纳税人所在地不在市区、县城或镇	1%

提示1 “纳税人所在地”，是指纳税人住所地或者与纳税人生产经营活动相关的其他地点，具体地点由省、自治区、直辖市确定。

提示2 行政区划变更的，自变更完成当月起适用新行政区划对应的适用税率，纳税人在变更完成当月的下一个纳税申报期按新税率申报缴纳。

要点③ 城市维护建设税计税依据和税额的计算

计税依据	以增值税、消费税税额为计税依据并同时征收，如果要免征或者减征增值税、消费税，也就要同时免征或者减征城市维护建设税	
计税依据包括	计税依据不包括	
1. 实纳的“二税”税额。 2. 查补的“二税”税额。 3. 税务机关核准的免抵税额	1. “二税”的滞纳金、罚款。 2. 直接减免的“二税”税额。 3. 进口环节的“二税”。 4. 退还的增值税留抵税额	
税额的计算	应纳税额=（实纳增值税+实纳消费税）×适用税率	

提示　对出口产品退还增值税、消费税的，不退还已缴纳的城市维护建设税（出口不退）。

要点4 城市维护建设税税收优惠（调整）

要点	具体规定
1. 对黄金交易所会员单位通过黄金交易所销售且发生实物交割的标准黄金。 2. 对上海期货交易所会员和客户通过上海期货交易所销售且发生实物交割并已出库的标准黄金。 3. 对国家重大水利工程建设基金。 4. 经中国人民银行决定撤销的金融机构及其分支机构，用其财产清偿债务	免征
1. 自2023年1月1日至2027年12月31日，实施扶持自主就业退役士兵创业就业。 2. 自2023年1月1日至2027年12月31日，实施支持和促进重点群体创业就业。 3. 脱贫人口（含防止返贫监测对象）、持《就业创业证》（注明“自主创业税收政策”或“毕业年度内自主创业税收政策”）或《就业失业登记证》（注明“自主创业税收政策”）的人员，从事个体经营的，自办理个体工商户登记当月起，在3年（36个月）内按每户每年20 000元为限额依次扣减其当年实际应缴纳的增值税、城市维护建设税、教育费附加、地方教育附加和个人所得税。限额标准最高可上浮20%，各省、自治区、直辖市人民政府可根据本地区实际情况在此幅度内确定具体限额标准（新增）	减免

续表

要点	具体规定
至 2027 年 12 月 31 日，对增值税小规模纳税人、小型微利企业和个体工商户减半征收城市维护建设税、教育费附加、地方教育附加	减征

提示 城市维护建设税税收优惠，包括“免征”“减免”“减征”，考生应注意辨析。

学习心得

要点5 城市维护建设税征收管理

要点	具体规定
纳税环节	为纳税人实际缴纳增值税、消费税的环节
纳税地点	（一般）为纳税人缴纳增值税、消费税的地点
纳税期限	分别与增值税、消费税的纳税期限一致

学习心得

要点⑥ 烟叶税要点

要点	具体规定
纳税人	在境内，依照《烟草专卖法》的规定收购烟叶的单位（无“个人”）
征税范围	晾晒烟叶、烤烟叶
税率	实行比例税率，税率为20%
计税依据	为纳税人收购烟叶实际支付的价款总额
税额的计算	1. 应纳税额＝实际支付价款总额×20%＝收购价款×（1＋10%）×20% 2. 价款总额，包括纳税人支付给烟叶生产销售单位和个人的烟叶收购价款和价外补贴，其中，价外补贴统一按烟叶收购价款的10%计算。 提示 考生应注意辨析“价款总额”“收购价款”“价外补贴”的差异
纳税义务发生时间	1. 纳税人收购烟叶的当日。 2. 当日，是指纳税人向烟叶销售者付讫收购烟叶款项或者开具收购烟叶凭据的当日
纳税地点	向烟叶收购地的主管税务机关申报纳税
纳税期限	按月计征，纳税人应当于纳税义务发生月终了之日起15日内申报并缴纳税款

要点7 烟叶税与增值税、消费税

具体业务	税务处理
购进烟叶	1. 烟叶属于初级农产品，增值税适用税率为9%。 2. 一般纳税人抵扣进项按9%扣除率计算，加工卷烟（后续销项13%）抵扣按10%扣除率计算；如果已将烟叶领用生产卷烟，或发出委托加工生产卷烟，则直接用10%扣除率计算； 3. 计算抵扣的进项税额计算公式： 购入烟叶计算抵扣的进项税额=(实际支付的价款总额+应纳烟叶税)×扣除率=(收购价款+价外补贴+应纳烟叶税)×扣除率 **提示** 实际支付价款总额中的价外补贴为实际支付的金额，非固定的10%，与计算烟叶税不一致
委托加工烟丝	委托加工成烟丝，受托方代收代缴消费税，如果没有同类价，需要组成计税价格。 计算公式： 组成计税价格=(料+加工费)÷(1－烟丝消费税税率30%) =[(收购烟叶买价×90%+不含税运费)+(不含税加工费+不含税代垫辅料)]÷(1－烟丝消费税税率30%)

续表

具体业务	税务处理
非正常损失	购进烟叶如果发生非正常损失，进项税额需要转出，同时应当转出已抵扣运费相应的进项税。 计算公式： 非正常损失的烟叶进项税额转出 = 损失的烟叶成本 ÷（1 − 9% 或 10%）× 9% 或 10%

学习心得

要点8 教育费附加和地方教育附加要点

要点	具体规定
缴费人	税法规定征收增值税、消费税的单位和个人
计征依据	纳税人实际缴纳的增值税、消费税税额之和
征收比率	教育费附加3%、地方教育附加2%
计算公式	（实际缴纳的增值税＋实际缴纳的消费税）×征收比率

提示 除征收比率不同以外，教育费附加和地方教育附加的其他规定与城市维护建设税一致。

学习心得

第七章　关税法和船舶吨税法

本章要点提示

考情解读

根据历年考情分析，本章一般只考核客观题，基本不会考核主观题，分值在3.5分左右。其中，关税税率的运用、完税价格、税额的计算、税收优惠，船舶吨税税收优惠为本章高频考点。

备考指南

本章主要介绍了关税、船舶吨税两个小税种知识点。和其他小税种一样，考生需要掌握或熟悉纳税人、征税范围、税率、计税依据（完税价格）、税额的计算、税收优惠、征收管理等知识点。整体而言本章并无难点，但本章经常会结合增值税、消费税、车辆购置税等一并考核，考生需要重视。

教材变化

1. 2024年本章新增内容：特定减免税相关规定。
2. 2024年本章调整内容：协定税率、暂定税率的相关内容。

要点1 关税征税对象与纳税人

要点	具体规定
征税对象	准许进出境的货物（贸易性）和物品（个人）： （1）货物，是指贸易性商品。（货物：贸易）；（2）物品，是指入境旅客随身携带的行李物品、个人邮递物品、各种运输工具上的服务人员携带进口的自用物品、馈赠物品以及其他方式进境的个人物品（物品：非贸易）。 提示 货物和物品在计征关税时有不同的计税规则，考生应注意辨析
纳税人	关税的纳税人包括：（1）进口货物收货人；（2）出口货物发货人；（3）进出境物品的所有人

学习心得

要点② "进口货物"关税税率

要点	具体规定
税率形式	最惠国税率、协定税率、特惠税率、普通税率、关税配额税率等。对进口货物在一定期限内，可实行暂定税率
税率适用规则（重要）	1. 暂定税率优先适用于优惠税率或最惠国税率，适用最惠国税率的进口货物有暂定税率的，适用暂定税率。 2. 当最惠国税率低于或等于协定税率时，协定有规定的，按相关协定的规定执行；协定无规定的，二者从低适用。 3. 适用协定税率、特惠税率的进口货物有暂定税率的，应当从低适用税率。 4. 适用普通税率的进口货物，不适用暂定税率。按照普通税率征税的进口货物，经国务院关税税则委员会特别批准，可以适用最惠国税率

要点3 关税税率的运用

要点	具体规定
一般规定	进出口货物，应当适用海关接受该货物申报进口或者出口之日实施的税率征税。 提示 税务机关负责征收的税种，税率在一定时期内相对固定；而关税税率相对变化较频繁
特殊规定（重要）	1. 进口货物到达前，经海关核准先行申报的，应当适用装载该货物的运输工具申报进境之日实施的税率。 2. 进口转关运输货物，应适用指运地海关接受该货物申报进口之日实施的税率。货物运抵指运地前，经海关核准先行申报的，应适用装载此货物的运输工具抵达指运地之日实施的税率。 提示 指运地，即托运人指定的货物运往地，也就是目的港。转关运输货物是海关监管货物；转关运输是指由进境地入境后，运往另一设关地点办理进口海关手续的货物。 3. 出口转关运输货物，应适用启运地海关接受该货物申报出口之日实施的税率。

续表

要点	具体规定
特殊规定（重要）	4. 经海关批准，实行集中申报的进出口货物，应适用每次货物进出口时海关接受该货物申报之日实施的税率征税。 5. 因超过规定期限未申报而由海关依法变卖的进口货物，其税款计征应适用装载该货物的运输工具申报进境之日实施的税率。 6. 因纳税人违反规定需要追征税款的进出口货物，应当适用违反规定的行为发生之日实施的税率；行为发生之日不能确定的，适用海关发现该行为之日实施的税率
保税、减免税等货物的补税规定	已申报进境并放行的保税货物、减免税货物、租赁货物或已申报进出境并放行的暂时进出境货物，有下列行为之一需要缴纳税款的，适用海关接受纳税人再次填写报关单申报办理纳税及有关手续之日实施的税率：（1）保税货物经批准不复运出境的；（2）保税仓储货物转入国内市场销售的；（3）减免税货物经批准转让或移作他用的；（4）可暂不缴纳税款的暂时进出境货物，经批准不复运出境或进境的；（5）租赁进口货物，分期缴纳税款的

要点4 "进口货物"的成交价格

进出口货物的完税价格，由海关以该货物的成交价格为基础审查确定。成交价格不能确定时，完税价格由海关依法估定。本"要点"只介绍"进口货物"成交价格的确定。

<table>
<tr><td colspan="2">一般进口货物的完税价格，包括货物的货价、货物运抵我国境内输入地点起卸前的运输及其相关费用、保险费</td></tr>
<tr><td>需要计入完税价格的项目</td><td>不得计入完税价格</td></tr>
<tr><td>1. 由买方负担的除购货佣金以外的佣金和经纪费。
2. 由买方负担的与该货物视为一体的容器费用。
3. 由买方负担的包装材料和包装劳务费用。
4. 与该货物的生产和向我国境内销售有关的在境外开发、设计等相关服务的费用。
5. 与该货物有关并作为卖方向我国销售该</td><td>1. 货物进口后发生的建设、安装、装配、维修和技术援助的费用。（保修费用除外）
2. 货物运抵我国境内输入地点起卸之后的运输及其相关费用、保险费。
3. 进口关税、进口环节海关代征税及其他国内税。
4. 境内复制进口货物而支付的费用。
5. 境内外技术培训及境外考察费用。</td></tr>
</table>

续表

需要计入完税价格的项目	不得计入完税价格
货物的一项条件，应当由买方直接或间接支付的特许权使用费。 6. 转售、处置或使用所得中获得的收益	6. 符合条件的利息费用

运输、保险费等特殊规定	1. 运输及相关费用：应当按照由买方实际支付或者应当支付的费用计算。如果无法确定，海关应按该货物进口同期的正常运输成本审查确定。 2. 保险费：应按实际支付的费用计算。如果无法确定或未实际发生，海关应当按照“货价加运费”的 3‰计算。 计算公式： 保险费 =（货价 + 运费）×3‰

提示1　购货佣金，是买方为采购商品向“自己的采购代理人”支付的劳务费用。经纪费，是指买方为购买进口货物“向代表买卖双方利益的经纪人”支付的劳务费用。

提示2　采用成交价格估价方法，以成交价格为基础审查确定进口货物的完税价格时，未包括在该货物实付、应付价格中的相关费用或者价值应当计入完税价格。

要点⑤ 关税税额的计算

税额的计算方法	税额的计算公式
从价计税	关税税额 = 应税进（出）口货物数量 × 单位完税价格 × 税率
从量计税	关税税额 = 应税进（出）口货物数量 × 单位货物税额
复合计税	关税税额 = 应税进（出）口货物数量 × 单位货物税额 + 应税进（出）口货物数量 × 单位完税价格 × 税率
滑准税	滑准税，就是进口货物的价格越高，其进口关税税率越低，进口商品的价格越低，其进口关税税率越高。 关税税额 = 应税进口货物数量 × 单位完税价格 × 滑准税税率

提示 关税税额的计算公式，以及进口货物在进口环节海关代征的增值税、消费税的组价公式，建议考生一并记忆。

要点⑥ 关税减免规定

关税的减免分为法定减免税、特定减免税、暂时免税和临时减免税四种类型。

减免类型	具体规定
法定减免	下列进出口货物、物品予以减免关税： (1) 关税税额在人民币50元以下的一票货物，可免征关税。 (2) 无商业价值的广告品和货样，可免征关税。 (3) 外国政府、国际组织无偿赠送的物资，可免征关税。 (4) 进出境运输工具装载的途中必需的燃料、物料和饮食用品，可予免税。 (5) 在海关放行前损失的货物，可免征关税。(全损) (6) 在海关放行前遭受损坏的货物，可根据海关认定的受损程度减征关税。(部分受损) (7) 我国缔结或参加的国际条约规定减征、免征关税的货物、物品，按规定予以减免关税
暂时免税	暂时进境或者暂时出境的货物，在进境或者出境时纳税人向海关缴纳相当于应纳税款的保证金或者提供其他担保的，可以暂不缴纳关税，并应当自进境

续表

减免类型	具体规定
暂时免税	或者出境之日起6个月内复运出境或者复运进境；需要延长复运出境或者复运进境期限的，纳税人应当根据海关总署的规定向海关办理延期手续。暂时进境或者暂时出境的货物包括： （1）在展览会、交易会、会议及类似活动中展示或者使用的货物。 （2）文化、体育交流活动中使用的表演、比赛用品。 （3）进行新闻报道或者摄制电影、电视节目使用的仪器、设备及用品。 （4）开展科研、教学、医疗活动使用的仪器、设备及用品。 （5）在上述第1项至第4项所列活动中使用的交通工具及特种车辆。 （6）货样。 （7）供安装、调试、检测设备时使用的仪器、工具。 （8）盛装货物的容器。 （9）其他用于非商业目的的货物
特定减免（新增）	特定减免税货物包括如下几类： （1）科教用品。 （2）残疾人专用品。

续表

减免类型	具体规定
特定减免（新增）	（3）慈善捐赠物资。 （4）重大技术装备。 （5）支持集成电路产业和软件产业发展进口货物。 （6）支持新型显示产业发展进口货物。 （7）民用航空维修用航空器材。 （8）抗艾滋病病毒药物。 （9）中国国际服务贸易交易会展期内销售的进口展品

提示 考生应注意辨析关税"法定减免税""特定减免税""暂时免税"之间的差异。

学习心得

要点⑦ 关税征收管理

<table>
<tr><th>要点</th><th colspan="2">具体规定</th></tr>
<tr><td>关税申报</td><td colspan="2">1. “进口货物”自运输工具申报进境之日起14日内向海关申报。
2. 除海关特准的外，“出口货物”在运抵海关监管区后装货的24小时以前向海关申报</td></tr>
<tr><td>纳税期限</td><td colspan="2">1. 纳税人应自海关填发税款缴款书之日起15日内缴纳关税。
2. 不能按期缴纳税款，经依法提供税款担保后，可延期缴纳，但最长不得超过6个月
提示 《税收征收管理法》规定：经省级税务局批准，可延期纳税，但最长不得超过3个月</td></tr>
<tr><td rowspan="3">强制执行</td><td colspan="2">关税的强制执行措施，包括加收滞纳金和强制征收</td></tr>
<tr><td>加收滞纳金</td><td>关税滞纳金金额＝滞纳关税税额×滞纳金征收比率（0.5‰）×滞纳天数</td></tr>
<tr><td>强制征收</td><td>如纳税人自缴纳税款期限届满之日起3个月仍未缴纳税款，经海关关长批准，海关可以采取强制扣缴、变价抵缴等强制措施</td></tr>
</table>

要点⑧ 关税退还、补征和追征

要点	具体规定
关税退还	1. 溢征关税：(1) 海关发现后，应立即退还；(2) 纳税人发现的，申请退税时限为缴纳税款之日起1年内。纳税人可以书面形式要求海关退还多缴的税款并加算银行同期活期存款利息。 提示 关于溢征关税，“海关发现”和“纳税人发现”的税务处理不同，学员应注意辨析
	2. 有以下情况之一的，纳税人可自缴纳税款之日起1年内，申请退还关税：(1) 已征进口关税的货物，因品质或规格原因，原状退货复运出境的；(2) 已征出口关税的货物，因品质或规格原因，原状退货复运进境，并已重新缴纳因出口而退还的国内环节有关税收的；(3) 已征出口关税的货物，因故未装运出口，申报退关的
关税补征	非因纳税人违反海关规定造成的少征或漏征关税，关税补征期为缴纳税款或货物、物品放行之日起1年内

续表

要点	具体规定
关税追征	因纳税人违反海关规定造成少征或漏征关税，关税追征期为缴纳税款或货物、物品放行之日起 3 年内，并加收少征或漏征税款万分之五的滞纳金

提示 补征和追征的差异在于导致少纳税款的责任不同，责任的不同也带来补征与追征时限的不同，考生应注意辨析。

学习心得

要点⑨ 船舶吨税征税范围、税率、税额的计算、征收管理

要点	具体规定
征税范围	自境外港口进入境内港口的船舶，应当缴纳船舶吨税（简称“吨税”）
税率	吨税采用定额税率，设置优惠税率和普通税率 1. 拖船按照发动机功率每千瓦折合净吨位0.67吨。 2. 无法提供净吨位证明文件的游艇，按照发动机功率每千瓦折合净吨位0.05吨。 3. 拖船和非机动驳船，分别按相同净吨位船舶税率的50%计征税款
税额的计算	应纳税额=船舶净吨位×定额税率（元/净吨） 提示 净吨位，是指由船籍国（地区）政府签发或者授权签发的船舶吨位证明书上标明的净吨位
征收机关	吨税由海关负责征收，海关征收吨税应制发缴款凭证
纳税义务发生时间	为应税船舶进入港口的当日；应税船舶在吨税执照期满后尚未离开港口的，应当申领新的吨税执照，自上一次执照期满的次日起续缴吨税

续表

要点	具体规定
纳税期限	应税船舶负责人应当自海关填发吨税缴款凭证之日起 15 日内缴清税款。未按期缴清税款的，自滞纳税款之日起至缴清税款之日止，按日加收滞纳税款万分之五的税款滞纳金
纳税担保	应税船舶到达港口前，经海关核准先行申报并办结出入境手续的，应税船舶负责人应当向海关提供与其依法履行吨税缴纳义务相适应的担保；应税船舶到达港口后，依照规定向海关申报纳税
其他规定	1. 吨税执照在期满前毁损或者遗失的，应当向原发照海关书面申请核发吨税执照副本，不再补税。 2. 吨税税款、滞纳金、罚款，以人民币计算

要点 ⑩ 船舶吨税税收优惠

直接优惠（免征）	1. 应纳税额在人民币 50 元以下的船舶。 2. 自境外以购买、受赠、继承等方式取得船舶所有权的初次进口到港的空载船舶。 3. 吨税执照期满后 24 小时内不上下客货的船舶。 4. 非机动船舶。（不包括非机动驳船） 5. 捕捞、养殖渔船。 6. 避难、防疫隔离、修理、改造、终止运营或者拆解，并不上下客货的船舶。 7. 军队、武装警察部队专用或者征用的船舶。 8. 警用船舶。 9. 依照法律规定应当予以免税的外国驻华使领馆、国际组织驻华代表机构及其有关人员的船舶
延期优惠	在吨税执照期限内，应税船舶发生下列情形之一的，海关按照实际发生的天数批注延长吨税执照期限： 1. 避难、防疫隔离、修理、改造，并不上下客货。 2. 军队、武装警察部队征用

第八章 资源税法和环境保护税法

本章要点提示

考情解读

根据历年考情分析，本章一般只考核客观题，资源税偶尔会考核主观题，分值在6分左右。其中，资源税计税依据、税额的计算、税收优惠，环境保护税税收优惠、征收管理为本章高频考点。

备考指南

本章主要介绍了资源税、环境保护税两个小税种知识点。和其他小税种一样，考生需要掌握或熟悉纳税人、征税范围、税率、计税依据、税额的计算、税收优惠、征收管理等知识点。整体而言本章并无难点，但本章经常会结合增值税等一并考核，考生需要重视。

教材变化

1. 2024年本章新增内容：海洋工程环境保护税申报征收办法。

2. 2024年本章调整内容：

（1）调整了资源税阶段性免税、减税政策。

（2）调整了环境保护税的税收减免政策。

要点1 资源税纳税人

要点	
在中华人民共和国领域和中华人民共和国管辖的其他海域开发（非“开采”）应税资源的单位和个人，为资源税的纳税人，应当依照资源税法规定缴纳资源税。 提示1 缴纳资源税的应税产品的开发地点是“境内”，所以资源税有“进口不征，出口不退”的规则。 提示2 应税资源产品（简称“应税产品”）的具体范围，由《资源税税目税率表》（简称《税目税率表》）确定	
视同销售的情形	纳税人以应税产品用于非货币性资产交换、捐赠、偿债、赞助、集资、投资、广告、样品、职工福利、利润分配或者连续生产非应税产品等，应按规定缴纳资源税
连续生产的情形	纳税人开采或者生产应税产品自用于连续生产应税产品的，不缴纳资源税。但用于生产非应税产品的，应当在移送环节缴纳资源税

要点2 资源税税目（征税范围）

资源税税目包括能源矿产、金属矿产、非金属矿产、水气矿产、盐五大类，在5个税目下面又设有若干子目。

税目	子目
能源矿产	(1) 原油，是指开采的天然原油，不包括人造石油；(2) 天然气、页岩气、天然气水合物；(3) 煤炭，包括原煤和以未税原煤加工的洗选煤；(4) 煤成（层）气；(5) 铀、钍；(6) 油页岩、油砂、天然沥青、石煤；(7) 地热
金属矿产	(1) 黑色金属；(2) 有色金属
非金属矿产	(1) 矿物类；(2) 岩石类；(3) 宝玉石类，包括宝石、玉石、宝石级金刚石、玛瑙、黄玉、碧玺
水气矿产	(1) 二氧化碳气、硫化氢气、氦气、氡气；(2) 矿泉水
盐	(1) 钠盐、钾盐、镁盐、锂盐；(2) 天然卤水；(3) 海盐

提示　上述各税目征税时有的对原矿征税，有的对选矿征税，具体适用的征税对象按照《税目税率表》的规定执行，主要包括三类：（1）按原矿征税；（2）按选矿征税；（3）按原矿或者选矿征税。

学习心得

要点3 资源税税率

税率形式	具体规定
分设税率	《资源税法》按原矿、选矿分别设定税率。《税目税率表》中规定征税对象为原矿或者选矿的，应当分别确定具体适用税率
固定税率	对原油、天然气、中重稀土、钨、钼等战略资源实行固定税率，由税法直接确定
幅度税率	《税目税率表》中实行幅度税率的，其具体适用税率由省级人民政府统筹考虑该应税资源的品位、开采条件以及对生态环境的影响等情况，在规定的税率幅度内提出，报同级人民代表大会常务委员会决定，并报全国人民代表大会常务委员会和国务院备案

要点4 资源税计税依据和税额的计算

要点	具体规定	
基本规定	征税方式	1. 适用从价计征为主、从量计征为辅的征税方式。 2. 地热、砂石、矿泉水和天然卤水“可采用”从价计征或从量计征的方式，其他应税产品“统一适用”从价定率征收的方式
	核算要求	纳税人开采或者生产不同税率应税产品的，应当分别核算不同税目应税产品的销售额或销售数量；未分别核算的或者不能准确提供不同税目应税产品的销售额或者销售数量的，从高适用税率
从价定率征收	计税依据	1. 从价定率征收的计税依据为计税销售额。 （1）计税销售额，是指纳税人销售应税产品向购买方收取的全部价款和价外费用，不包括增值税销项税额。 （2）计入销售额中的相关运杂费用，凡取得增值税发票或者其他合法有效凭据的，准予从销售额中扣除。 2. 特殊情形下销售额的确定。 纳税人申报的应税产品销售额明显偏低且无正当理由的，或者

续表

<table>
<tr><th>要点</th><th colspan="2">具体规定</th></tr>
<tr><td rowspan="2">从价定率征收</td><td>计税依据</td><td>有自用应税产品行为而无销售额的，主管税务机关可以按下列方法和顺序确定其应税产品销售额：
（1）按纳税人最近时期同类产品的平均销售价格确定。（看自己）
（2）按其他纳税人最近时期同类产品的平均销售价格确定。（看他人）
（3）按后续加工非应税产品销售价格，减去后续加工环节的成本利润后确定。
（4）按应税产品组成计税价格确定。
组成计税价格＝成本×（1＋成本利润率）÷（1－资源税税率）
提示 组成计税价格，增值税、消费税、资源税、车辆购置税等既有相同的规定，也有不同的规定，考生应注意辨析</td></tr>
<tr><td>税额的计算</td><td>应纳税额＝销售额×适用税率</td></tr>
</table>

续表

<table>
<tr><th>要点</th><th colspan="2">具体规定</th></tr>
<tr><td rowspan="2">从量定额征收</td><td>计税依据</td><td>1. 以应税产品的销售数量为计税依据。
2. 应税产品的销售数量，包括实际销售数量和自用于应当缴纳资源税情形的应税产品数量</td></tr>
<tr><td>税额的计算</td><td>应纳税额＝课税数量×单位税额</td></tr>
</table>

学习心得

要点⑤ 资源税税收优惠（重要）

要点	具体规定
免征资源税	1. 开采原油以及油田范围内运输原油过程中用于加热的原油、天然气。 2. 煤炭开采企业因安全生产需要抽采的煤成（层）气
减征资源税	1. 从低丰度油气田开采的原油、天然气减征20%资源税。 2. 高含硫天然气、三次采油和从深水油气田开采的原油、天然气，减征30%资源税。 3. 稠油、高凝油减征40%资源税。 4. 从衰竭期矿山开采的矿产品，减征30%资源税
决定减税或者免税	省级人民政府可以决定减税或者免税。 1. 纳税人开采或者生产应税产品过程中，因意外事故或者自然灾害等原因遭受重大损失的。 2. 纳税人开采共伴生矿、低品位矿、尾矿

续表

要点	具体规定
阶段性免税、减税政策（调整）	1. 对青藏铁路公司及其所属单位运营期间自采自用的砂、石等材料免征资源税。 2. 为促进页岩气开发利用，有效增加天然气供给，在 2027 年 12 月 31 日之前，对页岩气资源税按 6% 的规定税率减征 30%。 3. 为鼓励煤炭资源集约开采利用，在 2027 年 12 月 31 日之前，对充填开采置换出来的煤炭，资源税减征 50%。 4. 自 2023 年 1 月 1 日至 2027 年 12 月 31 日，对增值税小规模纳税人、小型微利企业和个体工商户减半征收资源税（不含水资源税）、城市维护建设税、房产税、城镇土地使用税、印花税（不含证券交易印花税）、耕地占用税和教育费附加、地方教育附加

续表

<table>
<tr><th>要点</th><th colspan="2">具体规定</th></tr>
<tr><td rowspan="3">其他规定</td><td>核算要求</td><td>纳税人的免征、减征项目，应当单独核算销售额或者销售数量；未单独核算或者不能准确提供销售额和销售数量的，不予免税或者减税</td></tr>
<tr><td>有征有免的税务处理</td><td>纳税人开采或者生产同一应税产品，其中既有享受减免税政策的，又有不享受减免税政策的，按照免税、减税项目的产量占比等方法分别核算确定免税、减税项目的销售额或者销售数量</td></tr>
<tr><td>两项以上减征的税务处理</td><td>纳税人开采或者生产同一应税产品同时符合两项或者两项以上减征资源税优惠政策的，除另有规定外，只能选择其中一项执行</td></tr>
</table>

提示 关于税收优惠税率，考生应注意辨析“减征”和“减按”的差异。

要点 6　资源税征收管理

要点	具体规定
纳税义务发生时间	1. 销售应税产品，为收讫销售款或者取得索取销售款凭据的当日。 2. 自用应税产品的，为移送应税产品的当日。 提示 纳税义务发生时间的规定与增值税、消费税规定基本相同，只是资源税进口不征，所以资源税没有进口环节纳税义务发生时间的规定
纳税期限	1. 资源税按月或者按季申报缴纳；不能按固定期限计算缴纳的，可以按次申报缴纳。 2. 纳税人按月或者按季申报缴纳的，应当自月度或者季度终了之日起 15 日内，向税务机关办理纳税申报并缴纳税款
纳税地点	纳税人应当在矿产品的开采地或者海盐的生产地缴纳资源税
征收机关	1. 资源税，由税务机关征收管理。 2. 海上开采的原油和天然气资源税，由海洋石油税务管理机构征收管理

要点⑦ 环境保护税纳税人、税目、税率

要点	具体规定
纳税人	在中华人民共和国领域和中华人民共和国管辖的其他海域，直接向环境排放“应税污染物”的企业事业单位和其他生产经营者
不缴纳环境保护税的情形	1. 企业事业单位和其他生产经营者向依法设立的污水集中处理、生活垃圾集中处理场所排放应税污染物的。 提示 依法设立的城乡污水集中处理、生活垃圾集中处理场所超过国家和地方规定的排放标准向环境排放应税污染物的，应当缴纳环境保护税。 2. 企业事业单位和其他生产经营者在符合国家和地方环境保护标准的设施、场所贮存或者处置固体废物的。 3. 达到省级人民政府确定的规模标准，并且有污染物排放口的畜禽养殖场，应当依法缴纳环境保护税，但依法对畜禽养殖废弃物进行综合利用和无害化处理的，不属于直接向环境排放污染物，不缴纳环境保护税。 提示 环境保护税的纳税人，须有直接向环境排放应税污染物的行为

续表

要点	具体规定
税目	包括大气污染物、水污染物、固体废物和（工业）噪声四大类
税率	环境保护税采用定额税率。 1. 固体废物和（工业）噪声，税额标准是全国统一的。 2. 大气污染物和水污染物规定了幅度定额税率
计税单位	1. 大气污染物、水污染物为“每污染当量”。 2. 固体废物为“每吨”。 3. （工业）噪声为“超标分贝”

学习心得

要点8 环境保护税计税依据和税额的计算

要点	具体规定
计税依据确定的基本方法	1. 应税污染物的计税依据，按照下列方法确定： （1）应税大气污染物，按照污染物排放量折合的污染当量数确定。 （2）应税水污染物，按照污染物排放量折合的污染当量数确定。 （3）应税固体废物，按照固体废物的排放量确定。 （4）应税噪声，按照超过国家规定标准的分贝数确定。 提示 应税大气污染物、水污染物的污染当量数，以该污染物的排放量除以该污染物的污染当量值计算。 2. 应税污染物的确定方法。（有顺序） （1）安装使用污染物自动监测设备的，按照污染物自动监测数据计算。 （2）未安装使用污染物自动监测设备的，按照监测机构监测数据计算。 （3）不具备监测条件的，按照排污系数、物料衡算方法计算。 （4）不能按照上述（1）~（3）项规定的方法计算的，按照规定的抽样测算的方法核定计算

续表

要点	具体规定
大气污染物税额的计算	1. 计税依据，为污染物排放量折合的污染当量数。 应税大气污染物污染当量数 = 该污染物的排放量 ÷ 该污染物的污染当量值 2. 税额的计算公式： 应纳税额 = 污染当量数 × 具体适用税额 提示 每一排放口，或者没有排放口的应税大气污染物，按照污染当量数从大到小排序，对前三项污染物征收环境保护税
水污染物税额的计算	1. 计税依据，为污染物排放量折合的污染当量数。 应税水污染物的污染当量数 = 该污染物的排放量 ÷ 该污染物的污染当量值 2. 税额的计算公式： 应纳税额 = 污染当量数 × 具体适用税额 提示 每一排放口的应税水污染物，区分第一类水污染物和其他类水污染物，按照污染当量数从大到小排序。对第一类水污染物按照前五项征收环境保护税，对其他类水污染物按照前三项征收环境保护税

续表

要点	具体规定
固体废物税额的计算	1. 计税依据，为固体废物的排放量。（差额计税） 固体废物的排放量＝当期固体废物的产生量－当期固体废物的综合利用量－当期固体废物的贮存量－当期固体废物的处置量 2. 税额的计算公式： 应纳税额＝固体废物排放量×具体适用税额
噪声税额的计算	1. 计税依据，为超过国家规定标准的分贝数。 2. 税额的计算公式： 应纳税额＝超过国家规定标准的分贝数对应的具体适用税额

学习心得

要点⑨ 环境保护税惩罚措施

要点	具体规定
大气污染物、水污染物惩罚措施	纳税人有下列情形之一的，以其当期应税大气污染物、水污染物的产生量作为污染物的排放量（产生量等于排放量）： （1）未依法安装使用污染物自动监测设备，或者未将污染物自动监测设备与环境保护主管部门的监控设备联网。 （2）损毁或者擅自移动、改变污染物自动监测设备。 （3）篡改、伪造污染物监测数据。 （4）通过暗管、渗井、渗坑、灌注或者稀释排放以及不正常运行防治污染设施等方式违法排放应税污染物。 （5）进行虚假纳税申报
固体废物惩罚措施	纳税人有下列情形之一的，以其当期应税固体废物的产生量作为固体废物的排放量（产生量等于排放量）： （1）非法倾倒应税固体废物。 （2）进行虚假纳税申报

提示 考生应注意辨析应税污染物“产生量”与“排放量”的差异。

要点10 环境保护税税收减免

要点	具体规定
暂免征税	1. 农业生产（不包括规模化养殖）排放应税污染物的。 2. 机动车、铁路机车、非道路移动机械、船舶和航空器等流动污染源排放应税污染物的。 3. 依法设立的城乡污水集中处理、生活垃圾集中处理场所排放相应应税污染物，不超过国家和地方规定的排放标准的。依法设立的生活垃圾焚烧发电厂、生活垃圾填埋场、生活垃圾堆肥厂，属于生活垃圾集中处理场所，其排放应税污染物不超过国家和地方规定的排放标准的，依法予以免征环境保护税。 4. 综合利用的固体废物，符合国家和地方环境保护标准的
减征税额	1. 排放应税大气污染物或者水污染物的浓度值低于国家和地方规定的污染物排放标准30%的，减按75%征收。 2. 排放应税大气污染物或者水污染物的浓度值低于国家和地方规定的污染物排放标准50%的，减按50%征收。 提示1 减征税额项目，只包括“应税大气污染物和水污染物”。

续表

要点	具体规定
减征税额	提示2 纳税人任何一个排放口排放应税大气污染物、水污染物的浓度值，以及没有排放口排放应税大气污染物的浓度值，超过国家和地方规定的污染物排放标准的，依法不予减征环境保护税

提示 考生要注意辨析“不缴纳环境保护税的情形”和“暂免征税”项目的差异

学习心得

要点 11 环境保护税征收管理

要点	具体规定
征管方式	采用“企业申报、税务征收、环保协同、信息共享”的征管方式
纳税义务发生时间	为纳税人排放应税污染物的当日
纳税地点	纳税人应当向应税污染物排放地的税务机关，申报缴纳。 提示 应税污染物排放地是指：(1) 应税大气污染物、水污染物排放口所在地；(2) 应税固体废物、应税噪声产生地
纳税期限	1. 按月计算，按季申报缴纳；不能按固定期限计算缴纳的，可以按次申报缴纳。 2. 按季申报缴纳的，应当自季度终了之日起 15 日内，向税务机关办理纳税申报并缴纳税款。 3. 按次申报缴纳的，应当自纳税义务发生之日起 15 日内，向税务机关办理纳税申报并缴纳税款

要点⑫ 海洋工程环境保护税申报征收办法（新增）

要点	具体规定
适用范围	适用于在中华人民共和国内水、领海、毗连区、专属经济区、大陆架以及中华人民共和国管辖的其他海域内从事海洋石油、天然气勘探开发生产等作业活动，并向海洋环境排放应税污染物的企业事业单位和其他生产经营者
计税依据	1. 大气污染物：对向海洋环境排放大气污染物的，按照每一排放口或者没有排放口的应税污染物排放量折合的污染当量数从大到小排序后的前三项污染物计征。 2. 水污染物：对向海洋水体排放生产污水和机舱污水、钻井泥浆和钻屑及生活污水的，按照应税污染物排放量折合的污染当量数计征。 3. 固体废物：对向海洋水体排放生活垃圾的，按照排放量计征
纳税地点	纳税人应当向应税污染物排放地的税务机关，申报缴纳。 提示 应税污染物排放地是指：（1）应税大气污染物、水污染物排放口所在地；（2）应税固体废物、应税噪声产生地

续表

要点	具体规定
应纳税额的计算	1. 应税大气污染物的应纳税额为污染当量数乘以具体适用税额。 2. 应税水污染物的应纳税额为污染当量数乘以具体适用税额。 3. 应税固体废物的应纳税额为固体废物排放量乘以具体适用税额

学习心得

第九章　城镇土地使用税法和耕地占用税法

本章要点提示

考情解读

根据历年考情分析，本章一般只考核客观题，基本不会考核主观题，分值在 3 分左右。其中，城镇土地使用税计税依据、税收优惠、征收管理，耕地占用税税收优惠、征收管理为本章高频考点。

备考指南

本章主要介绍了城镇土地使用税、耕地占用税两个小税种知识点。和其他小税种一样，考生需要掌握或熟悉纳税人、征税范围、计税依据、税额的计算、税收优惠、征收管理等知识点。整体而言本章并无难点。

教材变化

2024 年本章调整内容：城镇土地使用税的税收优惠政策。

要点① 城镇土地使用税纳税人与征税范围

要点	具体规定
纳税人	1. 城镇土地使用税，由拥有土地使用权的单位或个人缴纳。 2. 拥有土地使用权的单位和个人不在土地所在地的，其土地的实际使用人和代管人为纳税人。 3. 土地使用权未确定或权属纠纷未解决的，由实际使用人纳税。 4. 土地使用权共有的，由共有各方分别纳税。 5. 在城镇土地使用税征税范围内，承租集体所有建设用地的，由直接从集体经济组织承租土地的单位和个人，缴纳城镇土地使用税
征税范围	1. 包括在城市、县城、建制镇和工矿区内的国家所有和集体所有的土地。 2. 征税范围，包括市区和郊区，不包括农村。 3. 建立在城市、县城、建制镇、工矿区以外的工矿企业，不需要缴纳城镇土地使用税。 提示 县城的征税范围，为县人民政府所在地的城镇；建制镇的征税范围，为镇人民政府所在地

要点② 城镇土地使用税税率、计税依据

<table>
<tr><th>要点</th><th colspan="2">具体规定</th></tr>
<tr><td>税率</td><td colspan="2">1. 采用定额幅度差别税率。
2. 适用四档地区幅度差别定额税率，每档最高税率是最低税率的 20 倍。
3. 经省级政府批准，经济落后地区的适用税额标准可适当降低，但降低额不得超过税率表中规定的最低税额的 30%。
4. 经济发达地区的适用税额标准可适当提高，但须报财政部批准。
提示 城镇土地使用税税额标准，降低有限度（30%），提高须审批</td></tr>
<tr><td>计税依据</td><td>基本规定</td><td>1. 以纳税人实际占用的土地面积为计税依据。
2. 纳税人实际占用土地面积，按下列方法确定：
(1) 省级人民政府确定的单位组织测定土地面积的，以测定的面积为计税依据。
(2) 尚未组织测量土地面积，但纳税人持有政府部门核发的土地使用证书的，以证书确认的土地面积为计税依据。
(3) 尚未核发土地使用证书的，以申报的土地面积为计税依据，待核发土地使用证书以后再作调整。</td></tr>
</table>

续表

<table>
<tr><th>要点</th><th colspan="2">具体规定</th></tr>
<tr><td>计税依据</td><td>地下建筑的特殊规定</td><td>1. 单独建造的地下建筑用地，按规定征收城镇土地使用税。
2. 已取得地下土地使用权证的，按土地使用权证确认的土地面积计算应征税款。
3. 未取得地下土地使用权证或地下土地使用权证上未标明土地面积的，按地下建筑垂直投影面积计算应征税款。
提示 对单独建造的地下建筑用地，暂按应征税款的 50% 征收城镇土地使用税。但地上地下相连的建筑物不执行上述规定</td></tr>
</table>

学习心得

要点③ 城镇土地使用税税额的计算

要点	具体规定
基本计算公式	全年应纳税额＝实际占用应税土地面积（平方米）×适用税额
单独建造的地下建筑物的税额计算公式	全年应纳税额＝证书确认应税土地面积或地下建筑物垂直投影面积（平方米）×适用税额×50%

提示 土地使用权由几方共有的，由共有各方按照各自实际使用的土地面积占总面积的比例，分别计算缴纳城镇土地使用税（先分后税）。

学习心得

要点4 城镇土地使用税税收优惠

要点	具体规定
法定优惠	1. 国家机关、人民团体、军队自用（办公用地和公务用地）的土地。 2. 由国家财政部门拨付事业经费的单位自用（业务用地）的土地。 3. 宗教寺庙、公园、名胜古迹自用的土地。 提示 上述单位的生产、经营用地和其他用地，不属于免税范围，应按规定缴纳城镇土地使用税。 4. 市政街道、广场、绿化地带等公共用地。 5. 直接用于农、林、牧、渔业的生产用地。 提示 这部分土地，是指直接从事于种植、养殖、饲养的专业用地，但是不包括农副产品加工场地和生活办公用地。 7. 对非营利性医疗机构、疾病控制机构和妇幼保健机构等卫生机构自用的土地。 8. 对国家拨付事业经费和企业办的各类学校、托儿所、幼儿园自用的房产、土地。

续表

要点	具体规定
法定优惠	提示 房产税也有相关规定。 9. 免税单位无偿使用纳税单位的土地（如公安等单位使用铁路等单位的土地），免征城镇土地使用税；纳税单位无偿使用免税单位的土地，纳税单位应照章缴纳城镇土地使用税。 提示1 学员应注意辨析“无偿使用”和“无租使用”的差异。 提示2 纳税单位与免税单位共同使用、共有使用权土地上的多层建筑，对纳税单位可按其占用的建筑面积占建筑总面积的比例计征城镇土地使用税。 提示3 房产税也有相关规定。 10. 自2019年1月1日起至2027年12月31日，对专门经营农产品的农产品批发市场、农贸市场使用（包括自有和承租，下同）的房产、土地，暂免征收城镇土地使用税。对同时经营其他产品的农产品批发市场和农贸市场使用的房产、土地，按其他产品与农产品交易场地面积的比例确定征免城镇土地使用税。（调整）

续表

要点	具体规定
法定优惠	提示1 享受上述税收优惠的房产、土地，是指农产品批发市场、农贸市场直接为农产品交易提供服务的房产、土地。 提示2 农产品批发市场、农贸市场的行政办公区、生活区，以及商业餐饮娱乐等非直接为农产品交易提供服务的房产、土地，不属于规定的优惠范围，应按规定征收城镇土地使用税。 11. 自2020年1月1日起至2027年12月31日，对物流企业自有的（包括自用和出租）或承租的大宗商品仓储设施用地，减按所属土地等级适用税额标准的50%计征城镇土地使用税。（调整） 提示 物流企业的办公、生活区用地及其他非直接从事大宗商品仓储的用地，不属于优惠范围，应按规定征收城镇土地使用税。 12. 自2019年1月1日起至2027年12月31日，对向居民供热收取采暖费的供热企业，为居民供热所使用的厂房及土地免征城镇土地使用税（调整） 提示1 对供热企业其他厂房及土地，应当按照规定征收城镇土地使用税。

续表

要点	具体规定
法定优惠	提示2 自2022年1月1日至2024年12月31日，由省、自治区、直辖市人民政府根据本地区实际情况，以及宏观调控需要确定，对增值税小规模纳税人、小型微利企业和个体工商户可以在50%的税额幅度内减征城镇土地使用税 13. 截至2027年12月31日前，对农产品批发市场、农贸市场（包括自有和承租）专门用于经营农产品的房产、土地，暂免征收城镇土地使用税。对同时经营其他产品的农产品批发市场和农贸市场使用的房产、土地，按其他产品与农产品交易场地面积的比例确定征免城镇土地使用税。 14. 截至2027年12月31日前，对城市公交站场、道路客运站场、城市轨道交通系统运营用地，免征城镇土地使用税
省级税务局确定的减免优惠	1. 个人所有的居住房屋及院落用地。 2. 房产管理部门在房租调整改革前经租的居民住房用地。 3. 免税单位职工家属的宿舍用地。 4. 集体和个人办的各类学校、医院、托儿所、幼儿园用地

要点5 城镇土地使用税征收管理

要点	具体规定
纳税期限	按年计算、分期缴纳。具体纳税期限由省级政府确定
纳税义务发生时间	1. 购置新建商品房，自房屋交付使用之次月起。 2. 购置存量房，自房地产权属登记机关签发房屋权属证书之次月起。 3. 出租、出借房产，自交付出租、出借房产之次月起。 4. 以出让或转让方式有偿取得土地使用权的，应由受让方从合同约定交付土地时间的次月起缴纳城镇土地使用税；合同未约定交付土地时间的，由受让方从合同签订的次月起缴纳城镇土地使用税。 5. 新征用的耕地，自批准征用之日起满1年时。 6. 新征用的非耕地，自批准征用次月起。 7. 纳税人因土地权利状态发生变化而依法终止城镇土地使用税纳税义务的，其应纳税款的计算应截止到土地权利发生变化的当月月末

提示1 纳税人占用土地，一般是从次月起发生城镇土地使用税的纳税义务。只有新征用

耕地，是在批准征用之日起满1年时开始缴纳城镇土地使用税。

提示2 纳税义务发生时间之“次月”，考生应注意具体的税法表述，如交付、签发、合同约定、合同签订、批准征用等次月。

提示3 为避免对一块土地同时征收耕地占用税和城镇土地使用税，税法规定，凡是缴纳了耕地占用税的，从批准征用之日起满1年时征收土地使用税；征用非耕地因不需要缴纳耕地占用税，应从批准征用之次月起征收土地使用税。

学习心得

要点 6 耕地占用税纳税人与征税范围

要点	具体规定
纳税人	耕地占用税的纳税人，是指在境内占用耕地建设建筑物、构筑物或者从事非农业建设的单位和个人。 1. 经批准占用耕地的，纳税人为农用地转用审批文件中标明的建设用地人。 2. 农用地转用审批文件中未标明建设用地人的，纳税人为用地申请人，其中用地申请人为各级人民政府的，由同级土地储备中心、自然资源主管部门或政府委托的其他部门、单位履行耕地占用税申报纳税义务。 3. 未经批准占用耕地的，纳税人为实际用地人。 提示 考生应注意辨析“经批准”和“未经批准”纳税人的不同
征税范围	包括纳税人占用耕地建设建筑物、构筑物或者从事非农业建设的“国家所有”和“集体所有”的耕地。 1. 耕地，是指用于种植农作物的土地，包括菜地、园地。其中，园地包括花圃、苗圃、茶园、果园、桑园和其他种植经济林木的土地。 2. 占用鱼塘及其他农用土地建房或从事其他非农业建设，也视同占用耕地，必须依法征收耕地占用税。

续表

要点	具体规定
征税范围	3. 占用已开发从事种植、养殖的滩涂、草场、水面和林地等从事非农业建设，由省、自治区、直辖市本着有利于保护土地资源和生态平衡的原则，结合具体情况确定是否征收耕地占用税。 提示 不缴纳耕地占用税的直接为农业生产服务的生产设施，是指直接为农业生产服务而建设的建筑物和构筑物

学习心得

要点⑦ 耕地占用税税率、计税依据和税额的计算

要点	具体规定
税率	耕地占用税，采用地区差别定额税率。 1. 各地区耕地占用税的适用税额，由省级人民政府在规定的税额幅度内提出，报同级人大常委会决定，并报全国人大常委会和国务院备案。 2. 在人均耕地低于0.5亩的地区，省、自治区、直辖市可以根据当地经济发展情况，适当提高耕地占用税的适用税额，但提高的部分不得超过税法确定的适用税额的50%。 3. 占用基本农田的，应当按照当地适用税额加征150%。 提示 城镇土地使用税税额标准，降低有限度（30%），提高须审批
计税依据	以纳税人实际占用的属于耕地占用税征税范围的土地（简称“应税土地”）面积为计税依据，按应税土地当地适用税额计税，实行一次性征收
税额的计算	1. 基本计算公式： 应纳税额＝实际占用的应税土地面积×适用税额 2. 加按150%征收耕地占用税的计算公式：

续表

要点	具体规定
税额的计算	应纳税额＝实际占用的应税土地面积×适用税额×150% 提示 应税土地面积，包括经批准占用面积和未经批准占用面积，以平方米为单位；适用税额，是指省级人大常委会决定的应税土地所在地县级行政区的现行适用税额

学习心得

要点8 耕地占用税税收优惠（重要）

<table>
<tr><th>要点</th><th colspan="2">具体规定</th></tr>
<tr><td>免征</td><td colspan="2">1. 军事设施占用耕地。
2. 学校、幼儿园、社会福利机构、医疗机构占用耕地。
提示 学校内经营性场所和教职工住房占用耕地的，按照当地适用税额缴纳耕地占用税。
3. 农村烈士遗属、因公牺牲军人遗属、残疾军人以及符合农村最低生活保障条件的农村居民，在规定用地标准以内新建自用住宅（特定主体）</td></tr>
<tr><td>减征</td><td>减按每平方米2元的税额征收</td><td>铁路线路、公路线路、飞机场跑道、停机坪、港口、航道、水利工程占用耕地，减按每平方米2元的税额征收耕地占用税。
提示1 专用铁路和铁路专用线占用耕地的，按照当地适用税额缴纳耕地占用税。
提示2 专用公路和城区内机动车道占用耕地的，按照当地适用税额缴纳耕地占用税</td></tr>
</table>

续表

要点	具体规定	
减征	减半征收	农村居民在规定用地标准以内占用耕地新建自用住宅，按照当地适用税额减半征收耕地占用税。 提示 农村居民经批准搬迁，新建自用住宅占用耕地不超过原宅基地面积的部分，免征耕地占用税

提示1 免征或者减征耕地占用税后，纳税人改变原占地用途，不再属于免征或者减征耕地占用税情形的，应当按照当地适用税额补缴耕地占用税。

提示2 自2022年1月1日至2024年12月31日，由省、自治区、直辖市人民政府根据本地区实际情况，以及宏观调控需要确定，对增值税小规模纳税人、小型微利企业和个体工商户可以在50%的税额幅度内减征耕地占用税。

提示3 学员应注意辨析“免征”与“减征”的差异，“减征”中“减按每平方米2元”与“减半征收”的差异

要点⑨ 耕地占用税征收管理

要点	具体规定
征收机关	耕地占用税，由税务机关负责征收。耕地占用税的征收管理，依照《耕地占用税法》和《税收征收管理法》的规定执行
纳税义务发生时间	1. 为纳税人收到自然资源主管部门办理占用耕地手续的书面通知的当日。（经批准） 2. 未经批准占用耕地的，为自然资源主管部门认定的纳税人实际占用耕地的当日。（经批准临时占用耕地） 3. 因挖损、采矿塌陷、压占、污染等损毁耕地的，为自然资源、农业农村等相关部门认定损毁耕地的当日（非经批准临时占用耕地）
纳税申报	1. 纳税人应当自纳税义务发生之日起30日内，申报缴纳耕地占用税。 2. 纳税人占用耕地，应当在耕地所在地申报纳税
其他规定	1. 经批准临时占用耕地：纳税人因建设项目施工或者地质勘查临时占用耕地，应当依照本法的规定缴纳耕地占用税。纳税人在批准临时占用耕地期满之日起1年内依法复垦，恢复种植条件的，全额退还已经缴纳的耕地占用税。

续表

要点	具体规定
其他规定	2. 非经批准临时占用耕地：因挖损、采矿塌陷、压占、污染等损毁耕地属于税法所称的非农业建设，应依照税法规定缴纳耕地占用税；自自然资源、农业农村等相关部门认定损毁耕地之日起 3 年内依法复垦或修复，恢复种植条件的，比照相关规定办理退税

学习心得

要点10 与城镇土地使用税比较

税种	征税范围	纳税人	纳税环节
耕地占用税	有耕地的地区	占有者	一次课征
城镇土地使用税	城市、县城、建制镇、工矿区	持（保）有者	按年计算、分期缴纳

学习心得

第十章 房产税法、契税法和土地增值税法

本章要点提示

考情解读

根据历年考情分析，本章除了考核客观题、主观题也会考核，即土地增值税计算问答题每年必考，分值在11分左右。其中，房产税计税依据、税收优惠、征收管理，契税计税依据、税收优惠，土地增值税征税范围的特殊规定、税额的计算、房地产开发企业土地增值税清算为本章高频考点。

备考指南

本章主要介绍了房产税、契税、土地增值税三个小税种知识点。和其他小税种一样，考生需要掌握或熟悉纳税人、征税范围、税率、计税依据、税额的计算、税收优惠、征收管理等知识点。整体而言本章房产税、契税并无难点，但本章土地增值税税额的计算相对复杂，考生需要高度重视。

⁘ 教材变化

1. 2024 年本章新增内容：

(1) 增加了对保障性住房经营管理单位回购保障性住房继续作为保障性住房房源免契税的规定。

(2) 增加了对个人购买保障性住房，减按 1% 的税率征收契税的规定。

2. 2024 年本章调整内容：

(1) 调整了房产税的税收优惠政策。

(2) 调整（延长）了企业改制重组有关土地增值税政策期限。

要点① 房产税纳税人与征税范围

要点	具体规定
纳税人	房产税以在征税范围内的房屋产权所有人（或受益人）为纳税人。 1. 产权属国家所有的，由经营管理单位纳税。 2. 产权属集体和个人所有的，由集体单位和个人纳税。 3. 产权出典的，由承典人纳税。（非“出典人”纳税） 4. 产权所有人、承典人不在房屋所在地的，由房产代管人或者使用人纳税。 5. 产权未确定及租典纠纷未解决的，由房产代管人或者使用人纳税。 6. 纳税单位和个人无租使用房产管理部门、免税单位及纳税单位的房产，由使用人（即纳税单位和个人）代为缴纳房产税。 提示1 房产税的纳税人，按照征税范围内（经营性）的房屋产权所有人（或受益人）谁受益、谁纳税的原则确定。 提示2 考生应注意辨析“房屋出典”和“房屋出租”行为的区别，两者纳税人不同

续表

<table>
<tr><th>要点</th><th>具体规定</th></tr>
<tr><td>征税范围</td><td>房产税在城市、县城、建制镇和工矿区征收，不包括农村。
提示1 房产税和城镇土地使用税的征税范围一致。
提示2 房产税的征税对象可理解为经营性房产属于征税范围，非经营性房产一般不纳税</td></tr>
<tr><td colspan="2">房产，是以房屋形态表现的财产，即有屋面和围护结构（有墙或两边有柱），能够遮风避雨，可供人们在其中生产、学习、工作、娱乐、居住或储藏物资的场所</td></tr>
</table>

学习心得

要点 2 房产税税率

房产税采用比例税率，有两档规定税率，另有一档优惠税率。

具体情形	适用税率
自有房产用于生产经营	1.2%
出租非居住的房产取得租金收入	12%
个人出租住房，不分出租后用途（优惠税率）	4%

学习心得

要点3 房产税计税依据

计税依据	具体规定
从价计征	1. 从价计征，按照房产原值一次减除10%－30%损耗后的计税余值计征。 2. 计税余值，是指依照税法规定按房产原值一次减除10%－30%的损耗以后的余额。扣除比例由当地省级人民政府确定。 3. 房产原值，是指纳税人按照会计制度规定，在会计核算账簿“固定资产”科目中记载的房屋原价（不含扣减的折旧额）。 提示 考生应注意辨析“（会计）房产原价”“（税法）房产原值”“（计税依据）房产余值”的差异。 4. 房产原值，应包含地价。 5. 房产原值，应包括与房屋不可分割的各种附属设备或一般不单独计算价值的配套设施。 提示 纳税人对原有房屋进行改建、扩建，要相应增加房屋原值
从租计征	1. 房产出租的，以房产不含税租金收入为房产税的计税依据。 2. 以劳务或者其他形式为报酬抵付房租收入的，应根据当地同类房产的租金水

续表

计税依据	具体规定
从租计征	平，确定一个标准租金额从租计征。 3. 对出租房产，租赁双方签订的租赁合同约定有免收租金期限的，免收租金期间由产权所有人按照房产余值缴纳房产税。 提示 免租期，不同于无租使用房产

学习心得

要点4 房产税税额的计算

<table>
<tr><th></th><th colspan="2">计税依据</th><th>计税公式</th></tr>
<tr><td rowspan="2">一般规定</td><td colspan="2">从价：房产原值一次减除10%－30%损耗后的余值；（含地价）</td><td>应纳税额＝应税房产原值×（1－原值减除比例）×1.2%</td></tr>
<tr><td colspan="2">从租：一般为不含税租金收入</td><td>应纳税额＝不含税租金收入×12%或4%</td></tr>
<tr><td rowspan="2">独立地下建筑物的特殊规定</td><td>计税依据</td><td colspan="2">在进行10%－30%的扣除前先对房产的原值进行确定：（1）工业用途的，以房屋原价的50%－60%作为房产原值；（2）商业及其他用途的，以房屋原价的70%－80%作为房产原值
提示1（只有）单独建造的地下建筑物，可以享受房产原值的“折扣优惠”。
提示2 学员应注意辨析“地上房产”和“地下独立房产”计算房产余值的顺序</td></tr>
<tr><td>计税公式</td><td colspan="2">1. 工业用途房产，以房屋原价的50%－60%作为应税房产原值。
应纳税额＝应税房产原值×（1－原值减除比例）×1.2%
2. 商业和其他用途房产，以房屋原价的70%－80%作为应税房产原值。
应纳税额＝应税房产原值×（1－原值减除比例）×1.2%</td></tr>
</table>

要点⑤ 房产税税收优惠

<table>
<tr><th colspan="2">要点</th><th>具体规定</th></tr>
<tr><td colspan="2">国家机关、人民团体、军队自用的房产</td><td>免征</td></tr>
<tr><td colspan="2">由国家财政部门拨付事业经费的单位</td><td>免征</td></tr>
<tr><td colspan="2">宗教寺庙、公园、名胜古迹自用的房产</td><td>免征</td></tr>
<tr><td colspan="2">个人所有非营业用的房产</td><td>免征</td></tr>
<tr><td colspan="2">企业办的各类学校、医院、托儿所、幼儿园自用的房产</td><td>免征</td></tr>
<tr><td colspan="2">经鉴定，对毁损不堪居住的房屋和危险房屋，在停止使用后</td><td>免征</td></tr>
<tr><td colspan="2">纳税人因房屋大修导致连续停用半年以上的，在房屋大修期间</td><td>免征</td></tr>
<tr><td colspan="2">纳税单位与免税单位共同使用的房屋，按各自使用的部分</td><td>征收或免征</td></tr>
<tr><td colspan="2">对高校学生公寓</td><td>免征</td></tr>
<tr><td rowspan="2">房地产开发企业建造的商品房</td><td>在出售前</td><td>不征收</td></tr>
<tr><td>出售前已使用或出租、出借的商品房</td><td>应征收</td></tr>
</table>

续表

要点	具体规定
为社区提供养老、托育、家政等服务的机构自用或其通过承租、无偿使用等方式取得并用于提供社区养老、托育、家政服务的房产	免征
对为高校学生提供住宿服务，按照国家规定的收费标准收取住宿费的学生公寓	免征
对农产品批发市场、农贸市场（包括自有和承租）专门用于经营农产品的房产	暂免征
对商品储备管理公司及其直属库自用的承担商品储备业务的房产	免征
对饮水工程运营管理单位自用的生产、办公用房产	免征
对国家级、省级科技企业孵化器、大学科技园和国家备案众创空间自用以及无偿或通过出租等方式提供给在孵对象使用的房产	免征
对增值税小规模纳税人、小型微利企业和个体工商户	免征

提示1 自2022年1月1日至2024年12月31日，由省、自治区、直辖市人民政府根据本地区实际情况，以及宏观调控需要确定，对增值税小规模纳税人、小型微利企业和个体工商户可以在50%的税额幅度内减征房产税。

提示2 需要说明的几点：（1）免税单位对出租房产以及非自身业务使用的生产、营业用房，不属于免税范围；（2）免税单位对其所属的附属工厂、商店、招待所等不属于单位公务、业务的用房，应照章纳税；（3）免税单位附设的营业单位所使用的房产及出租的房产，不属于免税范围，应照章纳税；（4）对个人拥有的营业用房或者出租的房产，不属于免税房产，应照章纳税。

学习心得

要点6 房产税征收管理

要点	具体规定
纳税义务发生时间	1. 纳税人将原有房产用于生产经营，从生产经营之月起，缴纳房产税。 2. 纳税人自行新建房屋用于生产经营，从建成之次月起，缴纳房产税。 3. 纳税人委托施工企业建设的房屋，从办理验收手续的次月起，缴纳房产税。 4. 纳税人购置新建商品房，自房屋交付使用之次月起，缴纳房产税。 5. 纳税人购置存量房，自办理房屋权属转移、变更登记手续，房地产权属登记机关签发房屋权属证书之次月起，缴纳房产税。 6. 纳税人出租、出借房产，自交付出租、出借房产之次月起，缴纳房产税。 7. 房地产开发企业自用、出租、出借本企业建造的商品房，自房屋使用或交付之次月起，缴纳房产税。 提示1 上述7项，只有第1项将原有房产用于生产经营的，是从“之月”起缴纳房产税，其他强调“次月”，如建成、办理验收手续、交付使用、签发证书、出借房产、出租房产等次月。 提示2 纳税人因房产的实物或权利状态发生变化，而依法终止房产税纳税义务的，其应纳税款的计算应截止到房产的实物或权利状态发生变化的当月月末。

续表

要点	具体规定
纳税义务发生时间	提示3 城镇土地使用税：纳税义务发生时间之“次月”，考生应注意具体的税法表述，如交付、签发、合同约定、合同签订、批准征用等次月。 提示4 关于租金收入，房产税、增值税、个人所得税、企业所得税计税规则有差异，考生应注意辨析
纳税期限	按年计算、分期缴纳。具体纳税期限由省级人民政府确定
纳税地点	1. 在房产所在地缴纳。 2. 对房产不在同一地方的纳税人，应按房产的坐落地点分别向房产所在地的税务机关纳税

要点7 契税纳税人、征税范围、税率

要点	具体规定
纳税人	在境内转移土地、房屋权属，承受的单位和个人。土地、房屋权属，是指土地使用权和房屋所有权
征税范围	征税对象，为发生土地使用权和房屋所有权权属转移的土地和房屋。 1. 土地使用权出让。 提示 对承受土地使用权应支付的土地出让金，要征收契税，不得因减免出让金而减免契税。 2. 土地使用权转让。 3. 房屋买卖。以下几种特殊情况，视同买卖房屋： （1）以房产抵债或实物交换房屋；（2）以房产作投资或入股；（3）买房拆料或翻建新房。 4. 房屋赠与。 （1）法定继承人继承土地、房屋权属的，不征收契税。（2）非法定继承人根据遗嘱承受土地房屋权属，应征收契税。 5. 房屋互换。

续表

要点	具体规定
征收契税的特殊情形	下列情形发生土地、房屋权属转移的，承受方应依法缴纳契税： (1) 因共有不动产份额变化的；(2) 因共有人增加或者减少的；(3) 因人民法院、仲裁委员会的生效法律文书或者监察机关出具的监察文书等因素，发生土地、房屋权属转移的
税率	实行幅度比例税率，税率幅度为3% -5%

学习心得

要点8 契税计税依据和税额的计算

要点	具体规定
计税依据基本规定	1. 土地使用权出让、出售，房屋买卖，承受方计征契税的成交价格不含增值税。 2. 土地使用权互换、房屋互换，契税计税依据为不含增值税的差额
计税依据具体规定	1. 土地使用权出让、出售，房屋买卖，其计税依据为权属转移合同确定的成交价格，包括应交付的货币、实物、其他经济利益对应的价款。 2. 土地使用权赠与、房屋赠与，以及其他没有价格的转移权属行为，其计税依据为参照土地使用权出售、房屋买卖的市场价格依法核定的价格。 3. 土地使用权互换、房屋互换，互换价格相等的，互换双方计税依据为零；互换价格不等的，以其差额为计税依据，由支付差额的一方缴纳契税。 提示 等价互换房屋不等于实物互换房屋，实物互换房屋应照章纳税。学员应注意辨析“实物交换房屋”和“土地使用权互换”“房屋互换”税务处理的差异。 4. 房屋附属设施的计税依据。 （1）与房屋为同一不动产单元的，计税依据为承受方应交付的总价款，并适用与房屋相同的税率。（以房屋为主）

续表

要点	具体规定
计税依据具体规定	(2) 与房屋为不同不动产单元的，计税依据为转移合同确定的成交价格，并按当地确定的适用税率计税。 5. 承受已装修房屋的，应将包括装修费用在内的费用计入承受方应交付的总价款。 6. 土地使用权及所附建筑物、构筑物等转让的，计税依据为承受方应交付的总价款。 提示1 不涉及土地使用权和房屋所有权转移变动的，不征收契税。 提示2 采取分期付款方式购买土地使用权、房屋所有权等，按合同规定的总价款计算征收契税（房子可以分期，契税不能分期）
税额的计算	应纳税额＝计税依据×税率

要点⑨ 契税税收优惠

要点	具体规定
法定免税	1. 国家机关、事业单位、社会团体、军事单位承受土地、房屋用于办公、教学、医疗、科研和军事设施。 2. 非营利性的学校、医疗机构、社会福利机构承受土地、房屋权属用于办公、教学、医疗、科研、养老、救助。 3. 承受荒山、荒地、荒滩土地使用权，并用于农、林、牧、渔业生产。 4. 婚姻关系存续期间夫妻之间变更土地、房屋权属。 5. 法定继承人通过继承承受土地、房屋权属。 6. 依照法律规定应当予以免税的外国驻华使馆、领事馆和国际组织驻华代表机构承受土地、房屋权属。 7. 对保障性住房经营管理单位回购保障性住房继续作为保障性住房房源（新增）
各省可以决定免征或减征契税的情形	1. 因土地、房屋被县级以上人民政府征收、征用，重新承受土地、房屋权属。 2. 因不可抗力灭失住房，重新承受住房权属

续表

要点	具体规定
个人购买住房的契税优惠	1. 个人购买家庭唯一住房，面积为 90 平方米及以下的，减按 1% 的税率征收契税。 2. 个人购买家庭唯一住房，面积为 90 平方米以上的，减按 1.5% 的税率征收契税。 3. 个人购买家庭第二套改善性住房，面积为 90 平方米及以下的，减按 1% 的税率征收契税。 4. 个人购买家庭第二套改善性住房，面积为 90 平方米以上的，减按 2% 的税率征收契税。 提示1 北、上、广、深暂不实行上述第 3、4 项改善性住房新政策，采用当地规定的契税税率 3%。 提示2 考生应注意辨析上述规定中不同的税收优惠条件，其优惠前提有“唯一”“第二套”“改善性”等要求。 5. 对个人购买经济适用住房，在法定税率基础上减半征收契税。 6. 对个人购买保障性住房，减按 1% 的税率征收契税（新增）

续表

要点	具体规定
改制重组的税收优惠	包括企业改制、事业单位改制、公司合并、公司分立、企业破产、资产划转、债权转股权、划拨用地出让或作价出资、公司股权（股份）转让等土地、房屋权属发生转移的情形。 提示 具体政策中有“免征”“减半征收”“征收”“不征收”等不同的规定，考生应注意辨析

学习心得

要点⑩ 契税征收管理

要点	具体规定
纳税义务发生时间	1. 契税申报以不动产单元为基本单位，纳税义务发生时间是纳税人签订土地、房屋权属转移合同的当日，或者取得其他具有土地、房屋权属转移合同性质凭证的当日。 2. 特殊情形下，契税纳税义务发生时间： （1）因生效法律文书或监察文书等发生土地、房屋权属转移的，纳税义务发生时间为法律文书等生效当日。 （2）因改变土地、房屋用途等情形应当缴纳已减免契税的，纳税义务发生时间为改变有关土地、房屋用途等情形的当日。 （3）因改变土地性质、容积率等土地使用条件需补缴土地出让价款，应缴纳契税的，纳税义务发生时间为改变土地使用条件当日。 提示 发生上述情形，按规定不再需要办理土地、房屋权属登记的，纳税人应自纳税义务发生之日起90日内申报缴纳契税
纳税期限	应当在依法办理土地、房屋权属登记手续前申报缴纳契税

续表

要点	具体规定
纳税地点	在土地、房屋所在地的征收机关缴纳
契税的退税	纳税人缴纳契税后发生下列情形，可依照有关法律法规申请退税： (1) 因人民法院判决或者仲裁委员会裁决导致土地、房屋权属转移行为无效、被撤销或者被解除，且土地、房屋权属变更至原权利人的。 (2) 在出让土地使用权交付时，因容积率调整或实际交付面积小于合同约定面积需退还土地出让价款的。 (3) 在新建商品房交付时，因实际交付面积小于合同约定面积需返还房价款的

学习心得

要点⑪ 土地增值税纳税人

要点	具体规定
纳税人	转让国有土地使用权、地上建筑物及其附着物并取得收入的单位和个人。包括内外资企业、行政事业单位、中外籍个人等

学习心得

要点12 土地增值税征税范围

要点	具体规定	
基本征税范围	1. 转让“国有土地”使用权。 2. 地上建筑物及其附着物连同国有土地使用权一并转让。 3. 存量房地产买卖。 提示 几点说明： （1）基本征税范围不限于“土地”交易。 （2）针对“转让”国有土地使用权（二级市场）征税；“出让”国有土地使用权（一级市场），不征税。 （3）未经国家征用的集体土地使用权不得买卖。 （4）产权必须“发生转移”，征税范围不包括未转让土地使用权、房产所有权的行为。 （5）强调房地产转移要“有偿”，转让房地产是否取得收入	
特殊征税范围	应征	1. 转让国有土地使用权。 2. 取得土地使用权后进行房屋开发建造然后出售。 3. 存量房地产买卖。

续表

要点	具体规定	
特殊征税范围	应征	4. 抵押期满以房地产抵债。(发生权属转让) 5. 单位之间交换房地产。(有实物形态收入) 6. 合作建房建成后转让。 7. 非公益性赠与、赠与给除直系亲属和直接赡养人以外的
	不征	1. 房地产继承。(无收入) 2. 房地产有条件的赠与。(对象有限定，无收入) 3. 房地产出租。(权属未变) 4. 房地产抵押期内。(权属未变) 5. 房地产评估增值。(无权属转移) 6. 房地产的代建行为（权属未变）
	免征	1. 对个人之间互换自有居住用房地产的，经核实，可以免征土地增值税。(需要核实) 2. 合作建房建成后按比例分房自用。 3. 与房地产开发企业无关的房地产投资联营。(重要)

续表

要点	具体规定	
特殊征税范围	免征	4. 因国家建设需要依法征用、收回的房地产。 5. 个人转让住房。 6. 建造普通标准住宅出售，增值额未超过扣除项目金额20%的。 7. 企事业单位、社会团体以及其他组织转让旧房作为公租房房源，且增值额未超过扣除项目金额20%的。 提示 上述内容可与土地增值税的税收优惠内容结合掌握

学习心得

要点⑬ 土地增值税税率

土地增值税采用四级超率累进税率，累进依据为增值额与扣除项目金额之间的比率。

级数	增值额与扣除项目金额的比率	税率（%）	速算扣除系数（%）
1	不超过50%的部分	30	0
2	超过50%但不超过100%的部分	40	5
3	超过100%但不超过200%的部分	50	15
4	超过200%的部分	60	35

提示1 土地增值税所采用的税率，是目前我国唯一采用超率累进税率的税种。

提示2 土地增值税的税率，考试时非必须提供，建议考生熟悉。

提示3 印花税税率考生应熟悉，考试中可以不作为已知条件列示。

要点14 土地增值税应税收入与扣除项目

（一）基本规定

1. 土地增值税的计税依据，为转让房地产的增值额。

增值额 = 转让房地产不含税收入 - 税法规定的扣除项目金额

2. 土地增值税的计算应当遵循配比原则。

3. 土地增值税的计算，卖地有卖地的方法，卖房有卖房的方法；新房有新办法，老房有老办法。

（二）应税收入

1. 转让房地产取得的应税收入，应包括转让房地产的全部价款及有关的经济收益。

2. 收入的形式，包括货币收入、实物收入和其他收入。

3. 实物收入按取得收入时的市场价格折算成货币收入。

（三）扣除项目的确定（新房5项）

要点	具体规定
取得土地使用权所支付的金额	取得土地使用权所支付的金额，是指纳税人为取得土地使用权支付的地价款和按国家统一规定缴纳的有关费用之和。 提示 有关费用，是指纳税人在取得土地使用权过程中为办理有关手续，按国家统一规定缴纳的有关登记、过户手续费和契税
房地产开发成本	1. 土地征用及拆迁补偿费。 2. 前期工程费。 3. 建筑安装工程费。 4. 基础设施费。 5. 公共配套设施费。 6. 开发间接费用
房地产开发费用	房地产开发费用，是指与房地产开发项目有关的销售费用、管理费用、财务费用。 1. 能够按转让项目计算分摊利息支出并能提供金融机构贷款证明： 允许扣除的开发费用 = 利息 +（取得土地使用权所支付的金额 + 房地产开发成本）×5% 以内

续表

要点	具体规定
房地产开发费用	提示 公式中，利息最高不能超过按商业银行同类同期贷款利率计算的金额。超期利息、超标利息及罚息不得扣除。 2. 不能按转让项目计算分摊利息支出，或不能提供金融机构贷款证明： 允许扣除的开发费用 =（取得土地使用权所支付的金额 + 房地产开发成本）×10% 以内 3. 房地产开发企业既向金融机构借款，又有其他借款的，其房地产开发费用计算扣除时不能同时适用上述（1）、（2）项所述两种办法。 提示1 开发费用计算时还需注意以下几个问题： （1）利息的上浮幅度按国家的有关规定执行，超过上浮幅度的部分不允许扣除。 （2）提供金融机构证明，分摊利息支出。 （3）全部使用自有资金，没有利息支出的，扣除方法： 开发费用 =（取得土地使用权所支付的金额 + 房地产开发成本）×10% 以内

续表

要点	具体规定
房地产开发费用	提示2 土地增值税清算时，已经计入房地产开发成本的利息支出，应调整至财务费用中计算扣除。 提示3 学员应注意辨析“会计上的期间费用”“企业所得税前扣除的期间费用”“土地增值税所称的开发费用”之间的差异
与转让房地产有关的税金	1. 房地产开发企业：城市维护建设税、教育费附加（视同税金）。 2. 非房地产开发企业：城市维护建设税、教育费附加、印花税
财政部确定的其他扣除项目	对从事房地产开发的纳税人，允许按取得土地使用权所支付的金额和房地产开发成本之和，加计20%的扣除。 加计扣除金额＝(取得土地使用权所支付的金额＋房地产开发成本)×20% 提示1 加计扣除仅适用于“房地产开发企业转让新建房”，非房地产开发企业没有此项规定。 提示2 房地产开发企业取得土地使用权后未经开发就转让的，不得加计扣除

（四）扣除项目的确定（适用存量房地产转让）

要点	具体规定
评估法	1. 房屋及建筑物的评估价格。 旧房及建筑物的评估价格 = 房地产重置成本价 × 成新度折扣率 2. 取得土地使用权所支付的地价款。 3. 按国家统一规定缴纳的有关费用以及在转让环节缴纳的税金。 提示 重置成本价，是对旧房及建筑物，按转让时的建材价格及人工费用计算，建造同样面积、同样层次、同样结构、同样建设标准的新房及建筑物所需花费的成本费用
发票法	1. 纳税人转让旧房及建筑物，凡不能取得评估价格，但能提供购房发票的，经当地税务部门确认，取得土地使用权所支付的金额、旧房及建筑物的评估价格，可按发票所载金额并从购买年度起至转让年度止每年加计5%计算扣除。 提示 计算扣除项目时“每年”按购房发票所载日期起至售房发票开具之日止，每满12个月计1年；超过1年，未满12个月但超过6个月的，可以视同为1年（实际1年）。 2. 契税：对纳税人购房时缴纳的契税，凡能提供契税完税凭证的，准予作为“与转让房地产有关的税金”予以扣除，但不作为加计5%的基数

续表

要点	具体规定
核定法	既没有评估价格，又不能提供购房发票的，税务机关可以核定征收

提示 契税在计算土地增值税时扣除的不同情形：(1) 可能在“取得土地使用权所支付的金额”中扣除。(2) 可能在“房屋及建筑物的评估价格”中扣除。(3) 可能在“与转让房地产有关的税金”中扣除。

学习心得

要点15 土地增值税税额的计算

要点（步骤）	具体内容
第一步	确定扣除项目金额
第二步	计算增值额：增值额 = 房地产转让收入 − 扣除项目金额 提示：房地产转让收入为不含增值税收入
第三步	计算增值率：增值率 = 增值额 ÷ 扣除项目金额 × 100%
第四步	确定适用税率及速算扣除系数
第五步	应纳税额 = 增值额 × 适用税率 − 扣除项目金额 × 速算扣除系数

纳税人有下列情形之一的，按照房地产评估价格计算征收：
(1) 隐瞒、虚报房地产成交价格的，税务机关根据评估价格确定转让房地产的收入。（收入有问题）
(2) 提供扣除项目金额不实的，应由评估机构按照房屋重置成本价乘以成新度折扣率计算的房屋成本价和取得土地使用权时的基准地价进行评估，税务机关根据评估价格确定扣除项目金额。（扣除项目有问题）
(3) 转让房地产的成交价格低于房地产评估价格，又无正当理由的，由税务机关参照房地产评估价格确定转让房地产的收入。（成交价格有问题）

提示 房地产评估价格，可评估收入，也可评估扣除项目

要点 16　土地增值税房地产开发企业土地增值税清算

（一）清算单位、清算条件、清算时间

要点		具体规定
清算单位		1. 土地增值税，以国家有关部门审批的房地产开发项目为单位进行清算，对于分期开发的项目，以分期项目为单位清算。 2. 开发项目中同时包含普通住宅和非普通住宅的，应分别计算增值额
清算条件	应当清算	符合下列情形之一的，纳税人应进行土地增值税的清算： （1）房地产开发项目全部竣工、完成销售的。 （2）整体转让未竣工决算房地产开发项目的。 （3）直接转让土地使用权的
	可要求清算	符合下列情形之一的，主管税务机关可要求纳税人进行土地增值税清算： （1）已竣工验收的房地产开发项目，已转让的房地产建筑面积占整个项目可售建筑面积比例在85%以上，或该比例虽未超过85%，但剩余可售建筑面积已经出租或自用的。 （2）取得销售（预售）许可证满3年仍未销售完毕的。

续表

<table>
<tr><th>要点</th><th colspan="2">具体规定</th></tr>
<tr><td>清算条件</td><td>可要求清算</td><td>（3）纳税人申请注销税务登记但未办理土地增值税清算手续的。
提示 学员应注意区分纳税人“应进行”土地增值税的清算和“可要求”纳税人进行土地增值税清算的不同情形</td></tr>
<tr><td>清算时间</td><td colspan="2">1. 凡符合应办理土地增值税清算条件的项目，纳税人应当在满足条件之日起90日内到主管税务机关办理清算手续。
2. 凡属税务机关要求进行清算的项目，纳税人应当在接到清算通知之日起90日内，到主管地税务机关办理清算手续</td></tr>
</table>

（二）应税收入的确认

要点	具体规定
应税收入的确认	1. 已全额开具商品房销售发票的，按照发票所载金额确认收入。 2. 未开具发票或未全额开具发票的，以交易双方签订的销售合同所载的售房金额及其他收益确认收入。

续表

要点	具体规定
应税收入的确认	3. 销售合同所载商品房面积与有关部门实际测量面积不一致，在清算前已发生补、退房款的，应在计算土地增值税时予以调整。 4. 房地产开发项目的销售行为跨越“营改增”前后的，按以下方法确定土地增值税应税收入： 土地增值税清算应税收入 =“营改增”前转让房地产取得的收入 +“营改增”后转让房地产取得的不含增值税收入
视同销售应税收入的确认	房地产开发企业将开发的产品用于职工福利、奖励、对外投资、分配给股东或投资人、抵偿债务、换取其他单位和个人的非货币性资产等，发生所有权转移时应视同销售房地产。收入按下列方法和顺序确认： （1）按本企业在同一地区、同一年度销售的同类房地产的平均价格确定。 （2）由主管税务机关参照当地当年、同类房地产的市场价格或评估价值确定。 提示 房地产企业用建造的该项目房地产安置回迁户的，安置用房视同销售处理

（三）扣除项目的规定

要点	具体规定
可据实扣除	1. 开发建造的与清算项目配套的居委会和派出所用房、托儿所、邮电通信等公共设施，按相关规定可以扣除。 2. 销售已装修的房屋，其装修费用可以计入房地产开发成本。 3. 为取得土地使用权所支付的契税，计入“取得土地使用权所支付的金额”中扣除
可核定扣除	办理清算所附送的前期工程费、建筑安装工程费、基础设施费、开发间接费用（属于开发成本）的凭证或资料不符合清算要求或不实的，税务机关可参照相关资料，核定上述四项开发成本的单位面积金额标准，并据以计算扣除 提示 上述四项费用不符合清算要求或不实的，需要核定扣除，而非不得扣除，考生应注意辨析
不可扣除	1. 除另有规定外，扣除项目，须提供合法有效凭证；不能提供合法有效凭证的，不予扣除。 2. 房地产开发企业的预提费用，除另有规定外，不得扣除。 3. 房地产开发企业逾期开发缴纳的土地闲置费，不得扣除。

续表

要点	具体规定
不可扣除	提示1 企业所得税：房地产开发企业逾期开发缴纳的土地闲置费，在计算企业所得税时可在税前扣除。 提示2 扣除项目可分为：可据实扣除的项目、可核定扣除的项目、不可扣除的项目
质量保证金	质量保证金是否可扣除，要看是否有发票，没有取得发票不得扣除

（四）其他规定

要点	具体规定
核定征收	房地产开发企业有下列情形之一的，税务机关可以按不低于预征率的征收率核定征收土地增值税： （1）依照法律、行政法规的规定应当设置但未设置账簿的。 （2）擅自销毁账簿或者拒不提供纳税资料的。

续表

要点	具体规定
核定征收	（3）虽设置账簿，但账目混乱或者成本资料、收入凭证、费用凭证残缺不全，难以确定转让收入或扣除项目金额的。 （4）符合土地增值税清算条件，未按照规定的期限办理清算手续，经税务机关责令限期清算，逾期仍不清算的。 （5）申报的计税依据明显偏低，又无正当理由的。 提示 核定征收率，原则上不得低于5%
清算后再转让房地产的处理	在清算时未转让的房地产，清算后销售或有偿转让的，纳税人应按规定进行纳税申报，扣除项目金额按清算时的单位建筑面积成本费用乘以销售或转让面积计算。 单位建筑面积成本费用＝清算时的扣除项目总金额÷清算的总建筑面积 提示 纳税人按规定预缴土地增值税后，清算补缴的土地增值税，在主管税务机关规定的期限内补缴的，不加收滞纳金

要点⑰ 土地增值税税收优惠

要点	具体规定
建造“普通标准住宅”出售	其增值率未超过20%的，免征；增值率超过20%的，应就其全部增值额按规定计税
因国家建设需要依法征用、收回的房地产，免征土地增值税	免征
因城市实施规划、国家建设的需要而搬迁，由纳税人自行转让原房地产的	免征
对企事业单位、社会团体以及其他组织转让旧房作为改造安置住房、公共租赁住房或保障性住房房源	增值额未超过扣除项目金额20%的，免征
对个人销售住房	暂免征收
自2021.1.1—2027.12.31企业改制重组有关土地转移、变更（调整）	暂不征收

特别提示 改制重组有关土地增值税政策，不适用于房地产转移任意一方为房地产开发企业的情形。即房地产开发企业的房地产投资、公司制改造、合并、分立中的房地产权属变化，征税；与房地产开发企业无关的重组投资、公司制改造、合并、分立中房地产权属变化，暂不征土地增值税。

学习心得

要点 18 土地增值税征收管理

要点	具体规定
预征	除保障性住房外，东部地区省份预征率不得低于2%，中部和东北地区省份不得低于1.5%，西部地区省份不得低于1%。 提示 预征率不同于征收率；核定征收率原则上不得低于5%
纳税地点	1. 纳税人为法人：（1）房地产坐落地与机构所在地或经营所在地一致，在办理税务登记的原管辖税务机关申报纳税；（2）房地产坐落地与机构所在地或经营所在地不一致，在房地产坐落地所申报纳税。 2. 纳税人为自然人：（1）房地产坐落地与居住所在地一致，在住所所在地申报纳税；（2）房地产坐落地与其居住所在地不一致，在房地产坐落地的申报纳税
纳税期限	应在合同签订后7日内，到房地产所在地主管税务机关申报纳税

第十一章　车辆购置税法、车船税法和印花税法

本章要点提示

考情解读

根据历年考情分析，本章一般只考核客观题，基本不会考核主观题，分值在5分左右。其中，车辆购置税税率、计税依据、税收优惠，车船税税目、计税依据、税额的计算，印花税税目、计税依据为本章高频考点。

备考指南

本章主要介绍了车辆购置税、车船税、印花税三个小税种知识点。和其他小税种一样，考生需要掌握或熟悉纳税人、征税范围、税率、计税依据、税额的计算、税收优惠、征收管理等知识点。整体而言本章并无难点，但本章经常会结合增值税、企业所得税一并考核，个别年份会单独考核印花税计算问答题，考生需要重视。

教材变化

1. 2024年本章新增内容：

（1）增加了销售方销售“换电模式”新能源汽车的车辆购置税计税依据确定方法。

（2）增加了印花税税目中的“特殊情形”。

（3）增加了证券交易印花税实施减半征收的规定。

2. 2024 年本章调整内容：

（1）调整了新能源汽车免征车辆购置税的规定。

（2）删除了车辆购置税优惠期限届满的相关规定。

要点1 车辆购置税纳税人与征税范围

要点	具体规定
纳税人	车辆购置税的纳税人，是指在境内购置汽车、有轨电车、汽车挂车、排气量超过150毫升的摩托车（统称“应税车辆”）的单位和个人。 提示1 购置是指以购买、进口、自产、受赠、获奖或者其他方式取得并“自用”应税车辆的行为。 提示2 车辆购置税实行一次性征收；购置已征车辆购置税的车辆，不再征收车辆购置税。 提示3 车辆购置税的应税行为，是从各种购置渠道取得并使用应税车辆的行为，其行为标志是“自用”
征税范围	以列举的车辆作为征税对象，未列举的车辆不纳税。其征税范围包括汽车、有轨电车、汽车挂车、排气量超过150毫升的摩托车。 提示 地铁、轻轨等城市轨道交通车辆，装载机、平地机、挖掘机、推土机等轮式专用机械车，以及起重机（吊车）、叉车、电动摩托车，不属于应税车辆

要点② 车辆购置税税率、计税依据和税额的计算

要点	具体规定	
税率	实行统一比例税率，税率为 10%	
计税依据	为应税车辆的计税价格。 提示 销售方销售“换电模式”新能源汽车时，不含动力电池的新能源汽车与动力电池分别核算销售额并分别开具发票的，依购车人购置不含动力电池的新能源汽车取得的机动车销售统一发票载明的不含税价作为车辆购置税计税价格	
税额的计算	应纳税额 = 计税价格 × 税率（10%）	
	购买自用应税车辆	1. 以发票电子信息中的不含增值税价，作为计税价格。 2. 应税车辆存在多条发票电子信息或没有发票电子信息的，纳税人按购置应税车辆实际支付给销售方的不含增值税的全部价款申报纳税。 3. 计税价格，不含销售方代办保险等向购买方收取的保险费，以及向购买方收取的代购买方缴纳的车辆购置税、车辆牌照费

续表

要点	具体规定	
税额的计算	进口自用应税车辆	纳税人进口自用的应税车辆，以组成计税价格（只能组价）为计税依据。 计算公式： 组成计税价格 = 关税完税价格 + 关税 组成计税价格 = 关税完税价格 + 关税 + 消费税 = (关税完税价格 + 关税) ÷ (1 - 消费税税率) 提示1 进口自用应税车辆，是指纳税人直接从境外进口或者委托代理进口自用的应税车辆，不包括在境内（如4S店）购买的进口车辆。 提示2 纳税人进口应税车辆自用的，由进口自用方纳税；如果进口车辆用于销售、抵债、以物易物等方面，不属于进口自用应税车辆的行为，进口方不缴纳车辆购置税。 提示3 进口自用应税车辆计征车辆购置税的计税依据，与进口计算增值税的计税依据一致

续表

要点	具体规定	
税额的计算	自产自用应税车辆	1. 计税价格，按照纳税人生产的同类应税车辆（车辆配置序列号相同的车辆）的销售价格确定，不包括增值税税款。 2. 没有同类应税车辆销售价格的，按照组成计税价格确定。 计算公式： 组成计税价格 = 成本 ×（1 + 成本利润率） 属于应征消费税的应税车辆，其组成计税价格中应加计消费税税额
	受赠、获奖或者其他方式取得自用应税车辆	计税价格，按照购置应税车辆时相关凭证载明的价格确定，不包括增值税税款。 1. 购置应税车辆时相关凭证，是指原车辆所有人购置或者以其他方式取得应税车辆时载明价格的凭证。 2. 无法提供相关凭证的，参照同类应税车辆市场平均交易价格确定其计税价格。 3. 原车辆所有人为车辆生产或者销售企业，未开具机动车销售统一发票的，按照车辆生产或者销售同类应税车辆的销售价格确定应税车辆的计税价格；无同类应税车辆销售价格的，按照组成计税价格确定应税车辆的计税价格

续表

要点	具体规定	
税额的计算	免税条件消失车辆的税务处理（重要）	已经办理免税、减税手续的车辆因转让、改变用途等原因不再属于免税、减税范围的，纳税人、纳税义务发生时间、应纳税额按以下规定执行： （1）发生转让行为的，受让人为车辆购置税纳税人；未发生转让行为的，车辆所有人为车辆购置税纳税人。 （2）纳税义务发生时间，为车辆转让或者用途改变等情形发生之日。 （3）应纳税额＝初次办理纳税申报时确定的计税价格×（1－使用年限×10%）×10%－已纳税额 提示1 应纳税额不得为负数。 提示2 使用年限的计算方法是，自纳税人初次办理纳税申报之日起，至不再属于免税、减税范围的情形发生之日止。使用年限取整计算，不满1年的不计算在内

续表

要点	具体规定	
税额的计算	其他规定	1. 申报的应税车辆计税价格明显偏低，又无正当理由的，由税务机关依照规定核定其应纳税额。 2. 以外汇结算应税车辆价款的，按照申报纳税之日的人民币汇率中间价折合成人民币计算缴纳税款

学习心得

要点③ 车辆购置税税收优惠

要点	具体规定
外国驻华使馆、领事馆和国际组织驻华机构及其外交人员自用车辆	免税
中国人民解放军和中国人民武装警察部队列入军队武器装备订货计划的车辆	免税
悬挂应急救援专用号牌的国家综合性消防救援车辆	免税
设有固定装置的非运输专用作业车辆	免税
城市公交企业购置的公共汽电车辆	免税
回国服务的在外留学人员用现汇购买1辆个人自用国产小汽车	免税
长期来华定居专家进口1辆自用小汽车	免税
防汛部门和森林消防部门用于指挥、检查、调度、报汛（警）、联络的由指定厂家生产的设有固定装置的指定型号的车辆	免税
自2018年7月1日至2027年12月31日，对购置挂车（调整）	减半征收

续表

要点	具体规定
中国妇女发展基金会“母亲健康快车”项目的流动医疗车	免征
新能源汽车免税政策（新增） 1. 对购置日期在2024年1月1日至2025年12月31日期间的新能源汽车，免征车辆购置税，其中，每辆新能源乘用车免税额不超过3万元。 2. 对购置日期在2026年1月1日至2027年12月31日期间的新能源汽车，减半征收车辆购置税，其中，每辆新能源乘用车减税额不超过1.5万元。 提示 购置日期，按照机动车销售统一发票或海关关税专用缴款书等有效凭证的开具日期确定	

学习心得

要点4 车辆购置税征收管理

要点	具体规定
纳税申报	1. 车辆购置税，实行一车一申报制度。 2. 纳税义务发生时间为纳税人购置应税车辆的当日，以纳税人购置应税车辆所取得的车辆相关凭证上注明的时间为准。 （1）购买自用应税车辆的为购买之日，即车辆相关价格凭证的开具日期。 （2）进口自用应税车辆的为进口之日，即《海关进口增值税专用缴款书》或者其他有效凭证的开具日期。 （3）自产、受赠、获奖或者以其他方式取得并自用应税车辆的为取得之日，即合同、法律文书或者其他有效凭证的生效或者开具日期。 3. 纳税人应当自纳税义务发生之日起60日内，申报缴纳车辆购置税。 4. 纳税人应当在向公安机关交通管理部门办理车辆注册登记前，缴纳车辆购置税
纳税地点	1. 需要办理车辆登记注册手续的纳税人，向车辆登记地的主管税务机关申报纳税。 2. 不需要办理车辆登记注册手续的纳税人，单位纳税人向其机构所在地的主管税务机关申报纳税，个人纳税人向其户籍所在地或者经常居住地的主管税务机关申报纳税

续表

要点	具体规定
纳税环节	实行一次课征制度，征税环节为购置使用环节（最终消费环节）
退税制度	1. 已征车辆购置税的（只有）车辆退回车辆生产或销售企业，纳税人申请退还车辆购置税的，应退税额计算公式：应退税额 = 已纳税额 ×（1 − 使用年限 ×10%） 2. 应退税额不得为负数。 3. 使用年限的计算方法是，自纳税人缴纳税款之日起，至申请退税之日止。年限取整计算，不满一年不计算。 提示 “免税条件消失车辆”和“申请退还车辆购置税车辆”的税务处理不同，考生应注意辨析

要点 5 车船税纳税人与征税范围

要点	具体规定
纳税人	车船税的纳税人，是指在境内，车辆、船舶（简称“车船”）的所有人或者管理人，应当依照《车船税法》的规定缴纳车船税。 提示 管理人，是指对车船具有管理权或者使用权，不具有所有权的单位和个人
扣缴义务人	从事机动车第三者责任强制保险业务的保险机构（公司），应在收取保险费时代收车船税
征税范围	车船税的征税范围，是指在境内属于《车船税法》所附《车船税税目税额表》规定的车辆、船舶。车辆、船舶是指： 1. 依法应当在车船管理部门登记的机动车辆和船舶。（登记） 2. 依法不需要在车船管理部门登记、在单位内部场所行驶或者作业的机动车辆和船舶（不登记）
相关规定	1. 车辆分为机动车辆和非机动车辆，车船税的征收范围包括机动车辆，不包括非机动车辆。

续表

要点	具体规定
相关规定	2. 船舶分为机动船舶和非机动船舶，车船税的征收范围包括机动船舶，不包括非机动船舶，但“非机动驳船”需要缴纳车船税。 3. 境内单位和个人租入外国籍船舶的，不征收车船税；境内单位和个人将船舶出租到境外的，应依法征收车船税。 4. 经批准临时入境的外国车船和港、澳、台地区的车船，不征收车船税

学习心得

要点 6 车船税税目与税率

（一）税目、计税单位、年基准税额

税目		计税单位	年基准税额（元）
乘用车		每辆	根据排气量划分（7 档）
商用车	客车	每辆	480～1 440
	货车	整备质量每吨	16～120
其他车辆		整备质量每吨	16～120
摩托车		每辆	36～180
船舶	机动船舶	净吨位每吨	3～6
	游艇	艇身长度每米	600～2 000

（二）车船税，实行定额税率

1. “车辆”的具体适用税额，由省级人民政府依照《车船税法》所附《车船税税目税额表》规定的税额幅度和国务院的规定确定。

2. “船舶”的具体适用税额，由国务院在《车船税法》所附《车船税税目税额表》规定的税额幅度内确定。

（三）相关规定

要点	具体规定
客货两用车	按照货车计税
挂车	按照货车税额的 50% 计算
其他车辆	不包括拖拉机
拖船、非机动驳船	分别按照机动船舶税额的 50% 计算。 提示 拖船按照发动机功率每 1 千瓦折合净吨位 0.67 吨，计算征收车船税
排气量、整备质量、核定载客人数、净吨位、千瓦、艇身长度	以车船管理部门核发的车船登记证书或者行驶证相应项目所载数据为准

续表

要点	具体规定
计税单位	有尾数的一律按照含尾数的计税单位，（先）据实计算车船税应纳税额。计算得出的应纳税额，（然后）小数点后超过两位的可四舍五入保留两位小数

学习心得

要点7 车船税税额的计算

要点	具体规定
购置的新车船税额计算	纳税人购置的新车船，购置当年的应纳税额自纳税义务发生的当月起按月计算。 计算公式： 应纳税额＝（年应纳税额÷12）×应纳税月份数 应纳税月份数＝12－纳税义务发生时间（取月份）＋1
被盗抢、报废、灭失的车船税额计算（重要）	1. 在一个纳税年度内，已完税的车船被盗抢、报废、灭失的，纳税人可以凭有关管理机关出具的证明和完税证明，向纳税所在地的主管税务机关申请退还自被盗抢、报废、灭失月份起至该纳税年度终了期间的税款。 2. 已办理退税的被盗抢车船失而复得的，纳税人应当从公安机关出具相关证明的当月起计算缴纳车船税

续表

要点	具体规定
退回的车船税额计算	1. 已经缴纳车船税的车船，因质量原因，车船被退回生产企业或者经销商的，纳税人可以向纳税所在地的主管税务机关申请退还自退货月份起至该纳税年度终了期间的税款。 2. 退货月份，以退货发票所载日期的当月为准。 提示 已缴纳车船税的车船在同一纳税年度内办理转让过户的，不另纳税，也不退税

学习心得

要点⑧ 车船税税收优惠

要点	具体规定
捕捞、养殖渔船	免税
军队、武装警察部队专用的车船	免税
警用车船，包括公安机关、国家安全机关、监狱、劳动教养管理机关和人民法院、人民检察院领取警用牌照的车辆和执行警务的专用船舶	免税
悬挂应急救援专用号牌的国家综合性消防救援车辆和国家综合性消防救援专用船舶	免税
依规应当予以免税的外国驻华使领馆、国际组织驻华代表机构及其有关人员的车船	免税
省级政府根据当地实际情况，可以对公共交通车船，农村居民拥有并主要在农村地区使用的摩托车、三轮汽车和低速载货汽车	定期减征或者免征
对节能汽车	减半征收

续表

要点	具体规定
对新能源车船	免征

提示1 纯电动乘用车、燃料电池乘用车，不属于车船税征收范围（乘用车）。

提示2 学员应注意辨析“免征车船税”“减半征收车船税”“不属于车船税征收范围”的具体界定。

学习心得

要点⑨ 车船税和车辆购置税的税收优惠差异

车辆性质		车船税	车辆购置税
新能源汽车	乘用车	纯电动乘用车和燃料电池乘用车不属于车船税征税范围，不征收车船税	阶段性免征或减半征收车辆购置税
	商用车	纯电动商用车、插电式（含增程式）混合动力汽车、燃料电池商用车免征车船税	
节能汽车	乘用车	减半征收车船税	无税收优惠
	商用车	减半征收车船税	
挂车		挂车按照货车税额的50%计算车船税	减半征收车辆购置税

学习心得

要点10 车船税征收管理

要点	具体规定
纳税义务发生时间	为取得车船所有权或者管理权的当月，即为购买车船的发票或者其他证明文件所载日期的当月
纳税地点	（1）自行申报，为车船登记地。 （2）代收代缴，为扣缴义务人所在地。 （3）依法不需办理登记的车船，为车船的所有人或管理人所在地
纳税申报	按年申报，分月计算，一次性缴纳。具体申报纳税期限，由省级人民政府确定。 提示 房产税、城镇土地使用税按年计算、分期缴纳

要点11 印花税纳税人

要点	具体规定
一般规定	1. 在境内书立应税凭证、进行证券交易的单位和个人，为印花税的纳税人。 2. 在境外书立在境内使用的应税凭证的单位和个人，应当依照《印花税法》规定缴纳印花税。 提示1 应税凭证，是指印花税法所附《印花税税目税率表》列明的合同（11类）、产权转移书据（4类）和营业账簿。 提示2 对纳税人以电子形式签订的各类应税凭证按规定征收印花税
具体规定	1. 书立应税凭证，为对应税凭证有直接权利义务关系的单位和个人，不包括担保人、证人、鉴定人。 2. 采用委托贷款方式书立的借款合同，为受托人和借款人，不包括委托人。 3. 按买卖合同或者产权转移书据税目缴纳印花税的拍卖成交确认书纳税人，为拍卖标的的产权人和买受人，不包括拍卖人。 4. 证券交易，对证券交易的出让方征收，不对受让方征收。

续表

要点	具体规定
具体规定	提示1 合同应当是合法成立的合同，包括合同以及具有合同效力的协议、契约、合约、单据、确认书及其他各种名称的应税凭证。 提示2 不论合同是否兑现或是否按期兑现，均应计算应纳税额。 提示3 同一应税凭证，凡由两方或两方以上当事人共同书立并各执一份的，原则上其当事人各方都是印花税的纳税人，应各就其所持有凭证的计税金额全额缴纳印花税
境外书立在境内使用的应税凭证	1. 应税凭证的标的为不动产的，该不动产在境内。 2. 应税凭证的标的为股权的，该股权为中国居民企业的股权。 3. 应税凭证的标的为动产或者商标专用权、著作权、专利权、专有技术使用权的，其销售方或者购买方在境内，但不包括境外单位或者个人向境内单位或者个人销售完全在境外使用的动产或者商标专用权、著作权、专利权、专有技术使用权。 4. 应税凭证的标的为服务的，其提供方或者接受方在境内，但不包括境外单位或者个人向境内单位或者个人提供完全在境外发生的服务

续表

要点	具体规定
不属于印花税征收范围的凭证	1. 人民法院的生效法律文书，仲裁机构的仲裁文书，监察机关的监察文书。（三书） 2. 县级以上人民政府及其所属部门按照行政管理权限征收、收回或者补偿安置房地产书立的合同、协议或者行政类文书。 3. 总公司与分公司、分公司与分公司之间书立的作为执行计划使用的凭证（总分公司而非母子公司）

学习心得

要点12 印花税税目

要点	具体规定
书面合同	1. 买卖合同；2. 借款合同；3. 融资租赁合同；4. 运输合同；5. 保管合同；6. 仓储合同；7. 财产保险合同；8. 租赁合同；9. 建设工程合同；10. 承揽合同；11. 技术合同
	1. 买卖合同，是指动产买卖合同，但是，不包括“个人”书立的动产买卖合同。 2. 借款合同，包括银行及其他金融组织和借款人（不包括银行同业拆借）所签订的借款合同。 3. 运输合同，是指货运合同和多式联运合同，不包括管道运输合同、客运合同。 4. 技术合同，不包括专利权、专有技术使用权转让书据。（两者适用于产权转移书据） 5. 融资租赁合同，不属于租赁合同。 6. 财产保险合同，不包括人身（寿）保险合同、再保险合同

续表

要点	具体规定
产权转移书据	1. 土地使用权出让书据。 2. 土地使用权、房屋等建筑物和构筑物所有权转让书据，不包括土地承包经营权和土地经营权转移。 3. 股权转让书据，不包括应缴纳证券交易印花税的书据。(场外交易) 4. 商标专用权、著作权、专利权、专有技术使用权转让书据。 提示1 转让，包括买卖（出售）、继承、赠与、互换、分割。 提示2 专利权与专有技术（非专利技术）税务处理： (1) 专利权转让、专利实施许可，适用“产权转移书据”税目。(专利) (2) 专有技术使用权转让，适用“产权转移书据”税目。(非专利) (3) 专利申请权（相当于“专有技术”）转让、专有技术转让，适用“技术合同”税目。(非专利)
营业账簿	为记载“实收资本（股本）”和“资本公积”的账簿

续表

要点	具体规定
证券交易	是指转让在依法设立的证券交易所、国务院批准的其他全国性证券交易场所交易的股票和以股票为基础的存托凭证。（境内的场内交易） 提示1 对证券交易的出让方征收，不对受让方征收，即单边征收。 提示2 考生应注意辨析“股权”与“股票”之间的差异；区分“场内交易”和“场外交易”税务处理的不同

学习心得

要点13 印花税税率

比例税率	适用具体税目
0.05‰	借款合同、融资租赁合同
1‰	租赁合同、保管合同、仓储合同、财产保险合同、证券交易
0.25‰	营业账簿
0.5‰	土地使用权出让书据，土地使用权、房屋等建筑物和构筑物所有权转让书据，股权转让书据
0.3‰	买卖合同、建设工程合同、承揽合同、运输合同、技术合同、商标专用权、著作权、专利权、专有技术使用权转让书据

提示1 印花税税率学员应熟悉，考试中可以不作为已知条件列示。

提示2 土地增值税的税率，考试时非必须提供，建议学员熟悉。

要点14 印花税计税依据

要点	具体规定	
计税依据的一般规定	印花税实行从价计征，计税依据为各种应税凭证上所记载的计税金额。应税合同的计税依据，为合同所列的金额，不包括列明的增值税税款	
	借款合同	计税依据为借款金额，即借款本金，不包括利息
	融资租赁公司	计税依据为收取或支付的租金
	买卖合同	计税依据为合同记载的价款，不得做任何扣除。 提示 以物易物的易货合同是反映既购又销双重经济行为的合同，因此，对这类合同的计税依据为合同所载的购、销合计金额
	承揽合同	计税依据为报酬。（重要） 1. “受托方”提供原材料及辅料，并收取加工费且分别记载的，原材料和辅料按买卖合同计税，加工费按承揽合同计税。合同未分别记载原辅料及加工费金额的，一律就全部金额按承揽合同计税贴花。

续表

要点	具体规定	
计税依据的一般规定	承揽合同	2. “委托方”提供原材料，受托方收取加工费及辅料的，对委托方提供的主要材料或原料金额不计税，双方就加工费及辅料按承揽合同计税。 提示 学员应注意辨析“承揽合同印花税的计算”与“委托加工消费税的计算”的差异
	建设工程合同	计税依据为价款
	运输合同	计税依据为取得的运输费用，即运费收入，不包括所运货物的金额、装卸费和保险费等
	技术合同	计税依据为合同所载的价款、报酬或者使用费。 提示 技术开发合同，只就合同所载的报酬金额计税，研究开发经费不作为计税依据。但对合同约定按研究开发经费一定比例作为报酬的，应按一定比例的报酬金额计税贴花
	租赁合同	计税依据为租金
	保管合同	计税依据为收取（支付）的保管费

续表

要点	具体规定	
计税依据的一般规定	仓储合同	计税依据为仓储费
	财产保险合同	计税依据为支付（收取）的保险费，不包括所保财产的金额
	产权转移书据	计税依据为产权转移书据所列的价款，不包括列明的增值税税款
	营业账簿	计税依据为“实收资本（股本）”“资本公积”两项合计金额。 提示 已缴纳印花税的营业账簿，以后年度记载的实收资本（股本）、资本公积合计金额比已缴纳印花税的实收资本（股本）、资本公积合计金额增加的，按照增加部分计算应纳税额
	证券交易	计税依据为成交金额
计税依据的特殊规定	涉及不同税率的税务处理	同一应税凭证载有两个以上税目事项并分别列明金额的，按照各自适用的税目税率分别计算应纳税额；未分别列明金额的，从高适用税率

续表

要点	具体规定	
计税依据的特殊规定	涉及多方当事人的税务处理	同一应税凭证由两方以上当事人书立的，按照各自涉及的金额分别计算应纳税额
	未标明金额的税务处理	1. 应税合同、产权转移书据未列明金额的，印花税的计税依据按照实际结算的金额确定。 2. 计税依据按照上述规定仍不能确定的，按照书立合同、产权转移书据时的市场价格确定。 3. 依法应当执行政府定价或者政府指导价的，按照国家有关规定确定
	与实际结算金额不一致的税务处理	1. 不（书面）变更应税凭证所列金额的，以所列金额为计税依据。 2. 变更应税凭证所列金额的，以变更后的所列金额为计税依据。 3. 已缴纳印花税的应税凭证，变更后所列金额增加的，纳税人应当就增加部分的金额补缴印花税。 4. 变更后所列金额减少的，纳税人可以就减少部分的金额向税务机关申请退还或者抵缴印花税

续表

要点	具体规定	
计税依据的特殊规定	证券交易无转让价格的税务处理	证券交易无转让价格的，按照办理过户登记手续时该证券前一个交易日收盘价计算确定计税依据；无收盘价的，按照证券面值计算确定计税依据。 提示 证券交易计税依据的确定顺序：（1）成交金额；（2）收盘价；（3）证券面值
	增值税计算错误的税务处理	1. 纳税人因应税凭证列明的增值税税款计算错误导致应税凭证的计税依据减少或者增加的，纳税人应当按规定调整应税凭证列明的增值税税款，重新确定应税凭证计税依据。 2. 已缴纳印花税的应税凭证，调整后计税依据增加的，纳税人应当就增加部分的金额补缴印花税；调整后计税依据减少的，纳税人可以就减少部分的金额向税务机关申请退还或者抵缴印花税
	纳税人转让股权的印花税计税依据，按照产权转移书据所列的金额（不包括列明的认缴后尚未实际出资权益部分）确定	

续表

<table>
<tr><th>要点</th><th colspan="2">具体规定</th></tr>
<tr><td rowspan="3">计税依据的特殊规定</td><td>境内的货物多式联运</td><td>1. 采用在起运地统一结算全程运费的，以全程运费作为运输合同的计税依据，由起运地运费结算双方缴纳印花税。
2. 采用分程结算运费的，以分程的运费作为计税依据，分别由办理运费结算的各方缴纳印花税</td></tr>
<tr><td colspan="2">未履行的应税合同、产权转移书据，已缴纳的印花税不予退还及抵缴税款</td></tr>
<tr><td colspan="2">纳税人多贴的印花税票，不予退税及抵缴税款</td></tr>
</table>

学习心得

要点15 印花税税额的计算

计税公式	1. 应纳税额 = 计税依据 × 适用税率 2. 证券交易的应纳税额 = 成交金额或者依法确定的计税依据 × 适用税率 提示 应税凭证金额为人民币以外的货币的，应当按照凭证书立当日的人民币汇率中间价折合人民币确定计税依据

提示 计税时需要外币折算人民币金额的，不同的税种有不同的规定，考生可适当地关注。

学习心得

要点16 印花税税收优惠

要点	具体规定
法定免税	1. 应税凭证的副本或者抄本。 2. 依规应当予以免税的外国驻华使馆、领事馆和国际组织驻华代表机构，为获得馆舍书立的应税凭证。 3. 中国人民解放军、中国人民武装警察部队书立的应税凭证。 4. 农民、家庭农场、农民专业合作社、农村集体经济组织、村民委员会，购买农业生产资料或者销售农产品书立的买卖合同和农业保险合同。 5. 无息或者贴息借款合同、国际金融组织向中国提供优惠贷款书立的借款合同。 6. 财产所有权人将财产赠与政府、学校、社会福利机构、慈善组织书立的产权转移书据。 7. 非营利性医疗卫生机构，采购药品或者卫生材料书立的买卖合同。 8. 个人与电子商务经营者订立的电子订单
其他减免税	1. 对铁路、公路、航运、水路承运快件行李、包裹开具的托运单据，暂免贴印花。

续表

要点	具体规定
其他减免税	2. 各类发行单位之间，以及发行单位与订阅单位或个人之间书立的征订凭证，暂免征印花税。 3. 对资产公司收购、承接和处置不良资产，免征购销合同和产权转移书据应缴纳的印花税。 4. 对经国务院和省级人民政府决定或批准进行的国有（含国有控股）企业改组改制而发生的上市公司国有股权无偿转让行为，暂不征收证券（股票）交易印花税。 5. 电网与用户之间签订的供用电合同不属于印花税列举征税的凭证，不征收印花税。 提示 对发电厂与电网之间、电网与电网之间签订的购售电合同，按购销合同征收印花税。 6. 对廉租住房、经济适用住房经营管理单位与廉租住房、经济适用住房相关的印花税以及廉租住房承租人、经济适用住房购买人涉及的印花税，予以免征。 7. 对个人出租、承租住房签订的租赁合同，免征印花税。

续表

要点	具体规定
其他减免税	8. 对个人销售或购买住房，暂免征收印花税。 9. 在融资性售后回租业务中，对承租人、出租人因出售租赁资产及购回租赁资产所签订的合同，不征收印花税。 10. 对与高校学生签订的高校学生公寓租赁合同，免征印花税。 11. 公租房经营管理单位免征建设、管理公租房涉及的印花税。 12. 自 2023 年 8 月 28 日起，证券交易印花税实施减半征收
企业改制过程中有关印花税优惠政策	1. 实行公司制改造的企业在改制过程中成立的新企业，其新启用的资金账簿记载的资金或因企业建立资本纽带关系而增加的资金，凡原已贴花的部分可不再贴花，未贴花的部分和以后新增加的资金按规定贴花。 2. 以合并或分立方式成立的新企业，其新启用的资金账簿记载的资金，凡原已贴花的部分可不再贴花，未贴花的部分和以后新增加的资金按规定贴花。 3. 企业改制前签订但尚未履行完的各类应税合同，改制后需要变更执行主体的，对仅改变执行主体、其余条款未作变动且改制前已贴花的，不再贴花。 4. 企业因改制签订的产权转移书据，免予贴花

提示1 自2022年1月1日至2024年12月31日，由省、自治区、直辖市人民政府根据本地区实际情况，以及宏观调控需要确定，对增值税小规模纳税人、小型微利企业和个体工商户可以在50%的税额幅度内减征印花税。（不含证券交易印花税）

提示2 对应税凭证适用印花税减免优惠的，书立该应税凭证的纳税人均可享受印花税减免政策，明确特定纳税人适用印花税减免优惠的除外。

提示3 纳税人享受印花税优惠政策，实行“自行判别、申报享受、有关资料留存备查”的办理方式。

学习心得

要点17 印花税征收管理

要点	具体规定	
申报地点	境内纳税人	1. 纳税人为单位的，应向机构所在地的主管税务机关申报纳税。 2. 纳税人为个人的，应向应税凭证书立地或纳税人居住地的主管税务机关申报纳税。 3. 不动产产权发生转移的，应向不动产所在地的主管税务机关申报纳税
	境外纳税人	1. 在境内有代理人的，以其境内代理人为扣缴义务人。 2. 在境内没有代理人的，由纳税人自行申报纳税
	证券交易	证券登记结算机构，为证券交易印花税的扣缴义务人，应当向其机构所在地的主管税务机关申报解缴税款以及银行结算的利息
纳税义务发生时间	1. 纳税人，书立应税凭证或者完成证券交易的当日。 2. 证券交易印花税扣缴义务发生时间，为证券交易完成的当日	

续表

要点	具体规定
纳税期限	1. 应税合同、产权转移书据印花税，可按季或者按次申报缴纳。 2. 应税营业账簿印花税，可按年或者按次申报缴纳。 3. 境外单位或者个人的应税凭证印花税，可按季、按年或者按次申报缴纳。 4. 按季、按年计征的，纳税人应当自季度、年度终了之日起 15 日内申报缴纳税款。 5. 按次计征的，纳税人应当自纳税义务发生之日起 15 日内申报缴纳税款。 6. 证券交易印花税的特殊规定： （1）证券交易印花税，按周解缴。 （2）扣缴义务人，应当自每周终了之日起 5 日内申报解缴税款以及银行结算的利息

第十二章　国际税收税务管理实务

本章要点提示

考情解读

根据历年考情分析，本章客观题、主观题均会考核，分值在 7 分左右。其中，非居民企业税收管理、境外所得抵免计算、转让定价为本章高频考点。

备考指南

本章主要介绍国际税收的相关知识点。和其他实体税种章节不同，本章内容繁杂，重要考点不明显，考生需要掌握或熟悉国际税收协定、国际税收政策、国际税收管理、国际税收征管合作等知识点。整体而言本章学习难度较大，且本章经常会结合企业所得税、个人所得税一并考核，考生需要高度重视。

教材变化

2024 年本章新增内容：增加了应对经济数字化税收挑战“双支柱”方案的内容。

要点1 国际税收协定及其范本

联合国范本	经合组织范本
较为注重扩大收入来源国的税收管辖权，发展中国家多以此为依据	虽在某些方面承认收入来源国的优先征税权，但主导思想强调的是居民税收管辖权

学习心得

要点② 国际税收协定典型条款介绍

要点	具体规定
税收居民	双重居民身份下最终居民身份的判定：（1）永久性住所；（2）重要利益中心；（3）习惯性居处；（4）国籍
常设机构	包括：（1）管理场所；（2）分支机构；（3）办事处；（4）工厂；（5）作业场所；（6）矿场、油井或气井、采石场或者其他开采自然资源的场所
劳务所得	1. 独立个人劳务，缔约国一方居民个人由于专业性劳务或其他独立性活动取得的所得，应仅在该缔约国征税。 2. 非独立个人劳务，缔约国一方居民因在缔约国另一方从事受雇的活动取得的报酬，同时具有以下三个条件的，应仅在该缔约国一方（居民国）征税： （1）收款人在任何12个月中在该缔约国另一方停留连续或累计不超过183天。 （2）该项报酬由并非该缔约国另一方居民的雇主支付或代表该雇主支付。 （3）该项报酬不是由雇主设在该缔约国另一方的常设机构或固定基地所负担

要点③ 受益所有人

“受益所有人”，是指对所得或所得据以产生的权利或财产具有所有权和支配权的人。

要点	具体规定
不利于对申请人“受益所有人”身份的判定的因素	1. 申请人有义务在收到所得的12个月内将所得的50%以上支付给第三国（地区）居民，“有义务”包括约定义务和虽未约定义务但已形成支付事实的情形。 2. 申请人从事的经营活动不构成实质性经营活动。实质性经营活动包括具有实质性的制造、经销、管理等活动。 3. 缔约对方国家（地区）对有关所得不征税或免税，或征税但实际税率极低。 4. 在利息据以产生和支付的贷款合同之外，存在债权人与第三人之间在数额、利率和签订时间等方面相近的其他贷款或存款合同。 5. 在特许权使用费据以产生和支付的版权、专利、技术等使用权转让合同之外，存在申请人与第三人之间在有关版权、专利、技术等的使用权或所有权方面的转让合同

续表

要点	具体规定
直接判定申请人具有“受益所有人”身份	1. 缔约对方政府。 2. 缔约对方居民且在缔约对方上市的公司。 3. 缔约对方居民个人。 4. 申请人被第（1）~（3）项中的一人或多人直接或间接持有100%股份，且间接持有股份情形下的中间层为中国居民或缔约对方居民

学习心得

要点 4 合伙企业适用税收协定问题

依照中国法律在中国境内成立的合伙企业，其合伙人为税收协定缔约对方居民	该合伙人在中国负有纳税义务的所得被缔约对方视为其居民的所得的部分，可以在中国享受协定待遇
依照外国（地区）法律成立的合伙企业，其实际管理机构不在中国境内，但在中国境内设立机构、场所的，或者在中国境内未设立机构、场所，但有来源于中国境内所得的	除税收协定另有规定的以外，只有当该合伙企业是缔约对方居民的情况下，其在中国负有纳税义务的所得才能享受协定待遇

学习心得

要点⑤ 非居民纳税人享受税收协定待遇的税务管理

非居民纳税人享受协定待遇，采取“自行判断、申报享受、相关资料留存备查”的方式办理。

学习心得

要点⑥ 居民享受税收协定待遇的税务管理

具体规定
1. 企业或者个人为享受中国政府对外签署的税收协定待遇，可以向税务机关申请开具《中国税收居民身份证明》。 2. 申请人向主管其所得税的县税务局申请开具《税收居民证明》。 3. 申请人可以就其构成中国税收居民的任一公历年度申请开具《税收居民证明》。 4. 主管税务机关在受理申请之日起10个工作日内，由负责人签发《税收居民证明》并加盖公章或者将不予开具的理由告知申请人

学习心得

要点⑦ 外国企业常驻代表机构

要点	具体规定
税务登记管理	1. 代表机构应当自领取工商登记证件（或有关部门批准）之日起 30 日内，向其所在地主管税务机关申报办理税务登记。 2. 代表机构税务登记内容发生变化或者驻期届满、提前终止业务活动的，应当向主管税务机关申报办理变更登记或者注销登记。 3. 代表机构在办理注销登记前，向主管税务机关就其清算所得申报并缴纳企业所得税
账簿凭证管理	代表机构应当按照有关法律、行政法规和国务院财政、税务主管部门的规定设置账簿，根据合法、有效凭证记账，进行核算
企业所得税	代表机构应当就其归属所得依法申报缴纳企业所得税。在季度终了之日起 15 日内向主管税务机关据实申报缴纳企业所得税
其他税种	代表机构在计算缴纳增值税的同时还需要计算应缴纳的城市维护建设税、教育费附加和地方教育附加
税务申报要求	代表机构的纳税地点是机构、场所所在地

要点 8 股息、利息、租金、特许权使用费和财产转让所得

要点	具体规定
基本规定	1. 非居民企业在中国境内未设立机构、场所的，或者虽设立机构、场所但取得的所得与其所设机构、场所没有实际联系的，应当就其来源于中国境内的所得缴纳企业所得税。对非居民企业取得的此等所得应缴纳的所得税，实行源泉扣缴，以支付人为扣缴义务人。 2. 扣缴义务人应当自扣缴义务发生之日起 7 日内向扣缴义务人所在地主管税务机关申报和解缴代扣税款。 3. 股息、红利：扣缴义务发生之日为股息、红利等权益性投资收益的实际支付之日；财产转让所得：分期收款方式取得，分期收取的款项可视为收回投资成本，成本全部收回后，再计算并扣缴应扣税款

续表

<table>
<tr><th>要点</th><th colspan="2">具体规定</th></tr>
<tr><td>扣缴义务人未扣缴税款的责任和税务机关采取的措施</td><td colspan="2">1. 应扣未扣，由扣缴义务人所在地主管税务机关责令扣缴义务人补扣税款，并依法追究扣缴义务人责任；需要向纳税人追缴税款的，由所得发生地主管税务机关依法执行。
2. 主管税务机关追缴非居民企业应纳税款时，可以采取以下措施：（1）责令该非居民企业限期申报缴纳应纳税款；（2）收集、查实该非居民企业在中国境内其他收入项目及其支付人的相关信息，从该非居民企业其他收入项目款项中追缴欠缴税款及应缴的滞纳金</td></tr>
<tr><td rowspan="2">境外投资者暂不征收预提所得税</td><td>政策内容</td><td>对境外投资者从中国境内居民企业分配的利润，直接投资于非禁止外商投资的项目和领域，凡符合规定条件的，实行递延纳税政策，暂不征收预提所得税</td></tr>
<tr><td>需满足的条件</td><td>1. 境外投资者以分得利润进行的直接投资，包括境外投资者以分得利润进行的增资、新建、股权收购等权益性投资行为，具体是指：</td></tr>
</table>

续表

要点	具体规定	
境外投资者暂不征收预提所得税	需满足的条件	（1）新增或转增中国境内居民企业实收资本或者资本公积。 （2）在中国境内投资新建居民企业。 （3）从非关联方收购中国境内居民企业股权。 （4）财政部、国家税务总局规定的其他方式。 2. 境外投资者分得的利润属于中国境内居民企业向投资者实际分配已经实现的留存收益而形成的股息、红利等权益性投资收益。 3. 境外投资者用于直接投资的利润以现金形式支付的，相关款项从利润分配企业的账户直接转入被投资企业或股权转让方账户，在直接投资前不得在境内外其他账户周转。境外投资者用于直接投资的利润以实物、有价证券等非现金形式支付的，相关资产所有权直接从利润分配企业转入被投资企业或股权转让方，在直接投资前不得由其他企业、个人代为持有或临时持有

要点 9 境内机构和个人对外付汇

对外付汇需要进行税务备案	对外付汇无须进行税务备案
境内机构和个人向境外单笔支付等值5万美元以上（不含等值5万美元，下同）的下列外汇资金，除无须进行税务备案的情形外，均应向所在地主管税务机关进行税务备案。 1. 境外机构或个人从境内获得的包括运输、旅游、通信、建筑安装及劳务承包、保险服务、金融服务、计算机和信息服务、专有权利使用和特许、体育文化和娱乐服务、其他商业服务、政府服务等服务贸易收入。 2. 境外个人在境内的工作报酬，境外机构或个人从境内获得的股息、红利、利润、直接债务利息、担保费以及非资本转移的捐赠、赔偿、税收、偶然性所得等收益和经常转移收入。	1. 境外发生的差旅、会议、展销等费用。 2. 在境外代表机构的办公经费、承包工程的工程款。 3. 在境外的进出口贸易佣金、保险费、赔偿款。 4. 境外机构获得的国际运输费用。 5. 保险项下保费、保险金等相关费用。 6. 从事运输或远洋渔业的境内机构在境外发生的修理、油料、港杂等各项费用。 7. 境内旅行社从事出境旅游业务的团费以及代订、代办的住宿、交通等相关费用。 8. 亚洲开发银行和世界银行集团下属的国际金融公司从我国取得的所得或收入。 9. 外国政府和国际金融组织向我国提供的外国政府（转）贷款和国际金融组织贷

续表

对外付汇需要进行税务备案	对外付汇无须进行税务备案
3. 境外机构或个人从境内获得的融资租赁租金、不动产的转让收入、股权转让所得以及外国投资者其他合法所得	款的利息。 10. 外汇指定银行或财务公司自身对外融资的利息。 11. 省级以上国家机关对外无偿捐赠援助资金。 12. 境内证券公司或登记结算公司向境外机构或境外个人支付其依法获得的股息、红利、利息收入及有价证券卖出所得收益。 13. 个人境外留学、旅游、探亲因私用汇。 14. 境内机构和个人办理服务贸易、收益和经常转移项下退汇。 15. 外国投资者以境内直接投资合法所得在境内再投资。 16. 财政预算内机关、事业单位、社会团体非贸易非经营性付汇业务

要点⑩ 纳税人境外所得抵免的范围

居民企业	可以就其取得的境外所得直接缴纳和间接负担的境外企业所得税性质的税额进行抵免	直接抵免+间接抵免
在中国境内设立的机构（场所）的非居民企业	可以就其取得的发生在境外，但与其有实际联系的所得直接缴纳的境外企业所得税性质的税额进行抵免	直接抵免

学习心得

要点11 境外应纳税所得额的计算

（一）境外税后所得还原为税前

1. 在计算适用境外税额直接抵免的应纳税所得额时，应为将该项境外所得直接缴纳的境外所得税额还原计算后的境外税前所得。

2. 属于股息、红利所得的，在计算适用境外税额间接抵免的境外所得时，应再将该项境外所得间接负担的税额还原计算，即该境外股息、红利所得应为境外股息、红利税后净所得与就该项所得直接缴纳和间接负担的税额之和。

（二）居民企业在境外设立不具有独立纳税地位的分支机构取得的各项境外所得，无论是否汇回中国境内，均应以境外收入总额扣除与取得境外收入有关的各项合理支出后的余额，计入该企业所属纳税年度的境外应纳税所得额

（三）境外的股息、红利，以及利息、租金、特许权使用费、转让财产等收入，扣除各项合理支出后的余额为应纳税所得额

股息、红利	应对应调整扣除与境外投资业务有关的项目研究、融资成本和管理费用
利息	应对应调整扣除为取得该项利息而发生的相应的融资成本和相关费用
租金	融资租赁，应对应调整扣除其融资成本；经营租赁，应对应调整扣除租赁物相应的折旧或折耗
特许权使用费	应对应调整扣除提供特许使用的资产的研发、摊销等费用
财产转让	应对应调整扣除被转让财产的成本净值和相关费用

（四）境外所得的实现年度及其税额抵免年度

股息、红利等权益性投资收益所得	被投资方作出利润分配日所在的纳税年度确认境外所得
利息、租金、特许权使用费、转让财产收入	按合同约定付款日期所属的纳税年度确认境外所得

（五）不具有独立纳税地位的分支机构的亏损弥补要求

1. 不具有独立纳税地位的分支机构的亏损，不得抵减其境内或他国（地区）的应纳税所得额，但可以用同一国家（地区）其他项目或以后年度的所得按规定弥补。（此项规定基于分国不分项原则）

2. 如果企业当期境内外所得盈利额与亏损额加总后和为零或正数，则其当年度境外分支机构的非实际亏损额可无限期向后结转弥补。

3. 如果企业当期境内外所得盈利额与亏损额加总后和为负数，则以境外分支机构的亏损额超过企业盈利额部分的实际亏损额，按规定的期限进行亏损弥补，未超过企业盈利额部分的非实际亏损额仍可无限期向后结转弥补。

学习心得

要点⑫ 不应作为可抵免境外所得税税额的情形

具体规定
1. 按照境外所得税法律及相关规定属于错缴或错征的境外所得税税款。 2. 按照税收协定规定不应征收的境外所得税税款。 3. 因少缴或迟缴境外所得税而追加的利息、滞纳金或罚款。 4. 境外所得税纳税人或者其利害关系人从境外征税主体得到实际返还或补偿的境外所得税税款。 5. 按照我国《企业所得税法》及其实施条例规定，已经免征我国企业所得税的境外所得负担的境外所得税税款。 6. 按照国务院财政、税务主管部门有关规定已经从企业境外应纳税所得额中扣除的境外所得税税款

要点13 可抵免的境外所得税税额的基本条件

具体规定
1. 企业来源于中国境外的所得依照中国境外税收法律以及相关规定计算而缴纳的税额。 2. 缴纳的属于企业所得税性质的税额，而不拘泥于名称。 3. 限于企业应当缴纳且已实际缴纳的税额。 4. 可抵免的企业所得税税额，若是税收协定非适用所得税项目，或来自非协定国家的所得，无法判定是否属于对企业征收的所得税税额的，应报国家税务总局裁定

学习心得

要点14　境外所得间接负担税额的计算

要点	具体规定
持股条件	直接或者间接持股方式合计持股20%以上（含20%，下同）的规定层级的外国企业股份
计算公式	本层企业所纳税额属于由一家上一层企业负担的税额 =（本层企业就利润和投资收益所实际缴纳的税额 + 符合本通知规定的由本层企业间接负担的税额）× 本层企业向一家上一层企业分配的股息（红利）÷ 本层企业所得税后利润额

学习心得

要点15 适用间接抵免的外国企业持股比例的计算

企业在境外取得的股息所得，在按规定计算该企业境外股息所得的可抵免所得税额和抵免限额时，由该企业直接或者间接持有20%以上股份的外国企业，限于按照规定持股方式确定的五层外国企业，即：

第一层：企业直接持有20%以上股份的外国企业。

第二层至第五层：单一上一层外国企业直接持有20%以上的股份，且由该企业直接持有或通过一个或多个符合规定持股方式的外国企业间接持有总和达到20%以上股份的外国企业。

学习心得

要点16 税收饶让抵免

要点	具体规定
基本规定	居民企业从与我国政府订立税收协定的国家（地区）取得的所得，按照该国（地区）税收法律享受了免税或减税待遇，且该免税或减税的数额按照税收协定规定应视同已缴税额在中国的应纳税额中抵免的，该免税或减税数额可作为企业实际缴纳的境外所得税额用于办理税收抵免
定率饶让抵免	饶让抵免限额为按该定率计算的应纳境外所得税额超过实际缴纳的境外所得税额的数额
优惠额饶让抵免	饶让抵免限额为按协定国家（地区）税收法律规定税率计算的应纳所得税额超过实际缴纳税额的数额，即实际税收优惠额
简易办法计算抵免	不适用饶让抵免

要点17 抵免限额的计算

要点	具体规定
抵免限额计算公式	某国（地区）所得税抵免限额 = 中国境内、境外所得依照企业所得税法及实施条例的规定计算的应纳税总额 × 来源于某国（地区）的应纳税所得额 ÷ 中国境内、境外应纳税所得总额
亏损时的抵免限额	1. 境内、境外应纳税所得总额小于零的，应以零计算当期境内、境外应纳税所得总额，其当期境外所得税的抵免限额也为零。 2. 若企业境内所得为亏损，境外所得为盈利，形成当期境内、境外应纳税所得总额小于零的，应以零计算当期境内、境外应纳税所得总额，其当期境外所得税的抵免限额也为零

要点18 实际抵免境外税额的计算

要点	具体规定
企业在境外一国（地区）当年缴纳和间接负担的符合规定的所得税税额 < 所计算的该国（地区）抵免限额	应以该项税额作为境外所得税抵免额从企业应纳税总额中据实抵免
企业在境外一国（地区）当年缴纳和间接负担的符合规定的所得税税额 > 所计算的该国（地区）抵免限额	当年应以抵免限额作为境外所得税抵免额进行抵免，超过抵免限额的余额允许从次年起在连续五个纳税年度内，用每年度抵免限额抵免当年应抵税额后的余额进行抵补

要点19 税基侵蚀和利润转移行动计划

税基侵蚀和利润转移行动计划（BEPS 行动计划）共有 15 项行动计划。

类别	行动计划
应对数字经济带来的挑战	数字经济
协调各国企业所得税税制	混合错配、受控外国公司规则、利息扣除、有害税收实践
重塑现行税收协定和转让定价国际规则	税收协定滥用、常设机构、无形资产、风险和资本、其他高风险交易
提高税收透明度和确定性	数据统计分析、强制披露原则、转让定价同期资料、争端解决
开发多边工具促进行动计划实施	多边工具

要点20　应对经济数字化税收挑战“双支柱”方案（新增）

提示　“双支柱”方案中，支柱一突破现行国际税收规则中关于物理存在的限制条件，向市场国重新分配大型跨国企业的利润和征税权，以确保相关跨国企业在数字经济背景下更加公平地承担全球纳税义务。支柱二通过建立全球最低税制度，打击跨国企业逃避税，并为企业所得税税率竞争划定底线。

支柱一	支柱二
1. 适用范围。需适用金额A规则的跨国企业是全球营业收入200亿欧元以上且利润率（税前利润/收入）10%以上的跨国企业，相关门槛按平均值计算。如果金额A规则（包括金额A税收确定程序）实施顺利，营业收入门槛将下调至100亿欧元。协议生效七年后将对金额A是否实施顺利进行审议，并在一年内完成。采掘业和受监管的金融服务业不适用金额A规则。	1. 规则效力。全球反税基侵蚀规则定位为共同方法。这意味着包容性框架成员并不一定要实施全球反税基侵蚀规则，但是一旦选择实施，就需要采取与支柱二成果相一致的方式实施和管理相关规则，包括遵从包容性框架通过的立法模版和指引。另外，需要接受其他包容性框架成员实施全球反税基侵蚀规则，包括认可规则适用顺序以及所有达成一致的安全港规则。

续表

支柱一	支柱二
2. 联结度。根据新的特殊联结度规则，当适用范围内的跨国企业从某个税收管辖区取得的收入不低于 100 万欧元时，允许相关市场辖区参与金额 A 的分配。对于国内生产总值（GDP）低于 400 亿欧元的小型辖区，该联结度门槛为 25 万欧元。特殊联结度规则仅用于确定某辖区是否可参与金额 A 的分配。遵从成本（包括追踪小额销售的收入来源地）将限于最低水平。 3. 金额。将超过收入 10% 的利润定义为“剩余利润”。对于适用范围内的跨国企业，25% 的剩余利润将被分配至构成联结度的市场辖区，并以收入为分配因子。 4. 收入来源地。收入来源于产品或者服务被使用或者消费的最终市场辖区。 5. 税基的确定。适用范围内跨国企业的利	2. 适用范围。全球反税基侵蚀规则将适用于根据 BEPS 第十三项行动计划（国别报告）确定达到 7.5 亿欧元门槛的跨国企业。各辖区对总部位于本辖区的跨国企业适用收入纳入规则时，不受该门槛限制。作为跨国企业集团最终控股实体的政府机构、国际组织、非营利组织、养老基金或投资基金以及这些实体所使用的持有工具，不适用全球反税基侵蚀规则。 3. 规则设计。收入纳入规则将采用自上而下的方法分配补足税，但在控股比例未达 80% 的情况下，需适用分散控股规则。低税支付规则将对包括最终控股实体所在辖区实体在内的低税实体的补足税进行分配。处于国际化活动初始阶段的跨国企业豁免适用低税支付规则。

续表

支柱一	支柱二
润或者亏损金额应基于经少量调整的财务会计所得确定。亏损可向以后年度结转。 6. 分部核算。只有在特殊情况下才需要进行分部核算，即根据跨国企业公开披露财务报表中的分部核算情况，某分部本身已达到金额 A 适用范围门槛时。 7. 营销及分销利润安全港。如果适用范围内跨国企业的剩余利润已在某市场辖区征税，则营销及分销利润安全港将会限制通过金额 A 向该市场辖区分配的剩余利润额。 8. 消除双重征税。 9. 税收确定性。适用范围内的跨国企业将受益于争议预防与解决机制，避免金额 A 的双重征税。 10. 金额 B。为特别关注低征管能力国家的	4. 有效税率计算。全球反税基侵蚀规则将通过分辖区有效税率测试征收补足税。有效税率计算采用符合共同定义的有效税额和按照财务会计利润确定的税基（经符合支柱二政策目标且具共识的有限调整，并对时间性差异进行处理）。对于现行分配利润税制度，如果利润在 4 年内分配，且以不低于最低税率标准的税率纳税，则无需对相关利润补充征税。 5. 最低有效税率。对于收入纳入规则和低税支付规则，最低有效税率为 15%。 6. 排除。全球反税基侵蚀规则设置公式化经济实质排除，其将排除等同于 5% 的有形资产账面价值和人员工资的所得。在 10 年过渡期内，有形资产账面价值和人员工资的

续表

支柱一	支柱二
需求，将通过金额 B 对在某一辖区内从事基本营销和分销活动适用独立交易原则进行简化和优化。 11. 征管。将优化税务遵从流程（包括申报义务），并允许适用范围内跨国企业以单一实体管理整个流程。 12. 单边措施。多边公约（MLC）要求所有缔约方撤销对所有企业的所有数字服务税以及其他相关类似单边措施，并承诺未来不再引入类似措施	排除比例分别为 8% 和 10%，排除比例在前五年每年下降 0.2 个百分点；后五年有形资产排除比例每年下降 0.4 个百分点，人员工资排除比例每年下降 0.8 个百分点。全球反税基侵蚀规则还针对跨国企业收入低于 1 000 万欧元且利润低于 100 万欧元的辖区提供微利排除。 7. 其他豁免。全球反税基侵蚀规则还将符合 OECD 税收协定范本相关定义的国际海运所得排除在适用范围外。 8. 简化措施。为确保全球反税基侵蚀规则的征管更具针对性，避免产生与政策目标不匹配的遵从及征管成本，实施框架包括安全港和/或其他机制。 9. 与全球无形资产低税所得制度（GILTI）并

续表

支柱一	支柱二
	存。支柱二分辖区适用最低有效税率。在此背景下，将考虑美国全球无形资产低税所得税制与全球反税基侵蚀规则并存的条件，以确保竞争环境公平。 10. 应税规则。应税规则赋予缔约方的征税权限于最低税率与相关费用适用税率之间的差额。应税规则最低税率为9%

学习心得

要点21 一般反避税

要点	具体规定
概述	对企业实施的不具有合理商业目的而获取税收利益的避税安排，实施的特别纳税调整
调查	实施一般反避税调查时，应当向被调查企业送达《税务检查通知书》
争议处理	1. 被调查企业对一般反避税调整决定不服的，可以按照规定申请法律救济。 2. 被调查企业认为我国税务机关作出的一般反避税调整，导致国际双重征税或者不符合税收协定规定征税的，可以按照税收协定及其相关规定申请启动相互协商程序

学习心得

要点22 间接转让财产

非居民企业通过实施不具有合理商业目的的安排，间接转让中国居民企业股权等财产，规避企业所得税纳税义务的，应按照规定，重新定性该间接转让交易，确认为直接转让中国居民企业股权等财产。

不具有合理商业目的	具有合理商业目的
1. 境外企业股权75%以上价值直接或间接来自中国应税财产。 2. 间接转让中国应税财产交易发生前一年内任一时点，境外企业资产总额（不含现金）的90%以上直接或间接由在中国境内的投资构成，或间接转让中国应税财产交易发生前一年内，境外企业取得收入的90%以上直接或间接来源于中国境内。 3. 境外企业及直接或间接持有中国应税财产的下属企业虽在所在国家（地区）登记	1. 交易双方的股权关系具有下列情形之一： （1）股权转让方直接或间接拥有股权受让方80%以上的股权。 （2）股权受让方直接或间接拥有股权转让方80%以上的股权。 （3）股权转让方和股权受让方被同一方直接或间接拥有80%以上的股权。 2. 本次间接转让交易后可能再次发生的间接转让交易相比在未发生本次间接转让交易情况下的相同或类似间接转让交易，其

续表

不具有合理商业目的	具有合理商业目的
注册，以满足法律所要求的组织形式，但实际履行的功能及承担的风险有限，不足以证实其具有经济实质。 4. 间接转让中国应税财产交易在境外应缴所得税税负低于直接转让中国应税财产交易在中国的可能税负	中国所得税负担不会减少。 3. 股权受让方全部以本企业或与其具有控股关系的企业的股权（不含上市企业股权）支付股权交易对价

学习心得

要点23　资本弱化

1. 企业从其关联方接受的债权性投资与权益性投资的比例超过规定标准而发生的利息支出，不得扣除。

2. 关联方债权性投资与其权益性投资比例：金融企业为5:1；其他企业为2:1。

3. 不得扣除的利息支出＝年度实际支付的全部关联方利息×(1－标准比例÷关联债资比例)

学习心得

要点24 特别纳税调整程序

要点	具体规定
重点关注企业	1. 关联交易金额较大或者类型较多。 2. 存在长期亏损、微利或者跳跃性盈利。 3. 低于同行业利润水平。 4. 利润水平与其所承担的功能风险不相匹配，或者分享的收益与分摊的成本不相配比。 5. 与低税国家（地区）关联方发生关联交易。 6. 未按照规定进行关联申报或者准备同期资料。 7. 从其关联方接受的债权性投资与权益性投资的比例超过规定标准。 8. 由居民企业，或者由居民企业和中国居民控制的设立在实际税负低于12.5%的国家（地区）的企业，并非由于合理的经营需要而对利润不作分配或者减少分配。 9. 实施其他不具有合理商业目的的税收筹划或者安排
利息规定	1. 税务机关对企业实施特别纳税调整的，应当根据规定对2008年1月1日以后发生交易补征的企业所得税按日加收利息。 2. 特别纳税调查调整补缴的税款，应当按照应补缴税款所属年度的先后顺序确定补缴税款的所属年度，以入库日为截止日，分别计算应加收的利息额

要点25 关联关系

要点	具体规定
关联关系认定标准	1. 一方直接或者间接持有另一方的股份总和达到25%以上（含25%）；双方直接或者间接同为第三方所持有的股份达到25%以上。 2. 双方存在持股关系或者同为第三方持股，虽持股比例未达到25%，但双方之间借贷资金总额占任一方实收资本比例达到50%以上，或者一方全部借贷资金总额的10%以上由另一方担保。 3. 双方存在持股关系或者同为第三方持股，虽持股比例未达到25%，但一方的生产经营活动必须由另一方提供专利权、非专利技术、商标权、著作权等特许权才能正常进行。 4. 双方存在持股关系或者同为第三方持股，虽持股比例未达到25%，但一方的购买、销售、接受劳务、提供劳务等经营活动由另一方控制。 5. 一方半数以上的董事或者半数以上高级管理人员由另一方任命或者委派，或者同时担任另一方的董事或者高级管理人员；或者双方各自半数以上的董事或者半数以上高级管理人员同为第三方任命或者委派。 6. 具有夫妻、直系血亲、兄弟姐妹以及其他抚养、赡养关系的两个自然人分别与双方具有第1项至第5项关系之一。 7. 双方在实质上具有其他共同利益

要点26 国别报告

要点	具体规定
披露对象	1. 最终控股企业，是指能够合并其所属跨国企业集团所有成员实体财务报表的，且不能被其他企业纳入合并财务报表的企业。 2. 成员实体应当包括： （1）实体已被纳入跨国企业集团合并财务报表的任一实体。 （2）跨国企业集团持有该实体股权且按公开证券市场交易要求应被纳入但实际未被纳入跨国企业集团合并财务报表的任一实体。 （3）仅由于业务规模或者重要性程度而未被纳入跨国企业集团合并财务报表的任一实体。 （4）独立核算并编制财务报表的常设机构
填报企业	1. 该居民企业为跨国企业集团的最终控股企业，且其上一会计年度合并财务报表中的各类收入金额合计超过55亿元。 2. 该居民企业被跨国企业集团指定为国别报告的报送企业

续表

要点	具体规定
税务机关可要求填报的企业	1. 跨国企业集团未向任何国家提供国别报告。 2. 虽然跨国企业集团已向其他国家提供国别报告，但我国与该国尚未建立国别报告信息交换机制。 3. 虽然跨国企业集团已向其他国家提供国别报告，且我国与该国已建立国别报告信息交换机制，但国别报告实际未成功交换至我国

提示　最终控股企业为中国居民企业的跨国企业集团，其信息涉及国家安全的，可以按照国家有关规定，豁免填报部分或者全部国别报告。

学习心得

要点27 主体文档

要点	具体规定
条件	符合下列条件之一的企业，应当准备主体文档： （1）年度发生跨境关联交易，且合并该企业财务报表的最终控股企业所属企业集团已准备主体文档。 （2）年度关联交易总额超过10亿元
内容	主体文档主要披露最终控股企业所属企业集团的全球业务整体情况，包括：（1）组织架构；（2）企业集团业务；（3）无形资产；（4）融资活动；（5）财务与税务状况

学习心得

第十三章　税收征收管理法

本章要点提示

考情解读

根据历年考情分析，本章只考核客观题，不会考核主观题，分值在3.5分左右。其中，发票管理、纳税申报管理、税款征收制度、纳税担保为本章高频考点。

备考指南

本章主要介绍了《税收征收管理法》相关知识点。考试以记忆性考核为主，整体而言本章在理解的基础上并无难点，但本章经常会结合增值税、企业所得税等一并考核，考生需要重视。

教材变化

1. 2024年本章新增内容：增加了涉税专业服务监管办法与基本准则（试行）的规定。
2. 2024年本章调整内容：调整了发票管理制度。

要点1 《税收征收管理法》概述

要点	具体规定
适用	《税收征收管理法》的适用范围，是税务机关征收的各种税收
不适用	海关征收的关税、船舶吨税及代征的增值税、消费税，税务机关征收的一部分费如教育费附加、地方教育附加，不适用《税收征收管理法》
遵守主体	1. 税务行政主体，即各级税务机关。 2. 税务行政管理相对人，包括纳税人、扣缴义务人和其他有关单位。 3. 其他单位和部门，包括各级人民政府在内的有关单位和部门

学习心得

要点② 税务登记

要点	具体规定
设立税务登记	1. 领取工商营业执照从事生产、经营的纳税人。包括：企业；企业在外地设立的分支机构和从事生产、经营的场所；个体工商户；从事生产、经营的事业单位。 2. 其他纳税人。前款规定以外的纳税人，除国家机关、个人（自然人）和无固定生产、经营场所的流动性农村小商贩外，也应该按规定办理税务登记。 提示 按规定负有扣缴税款义务的扣缴义务人（国家机关除外），均应当按规定办理扣缴税款登记
变更、注销税务登记	1. 变更税务登记：税务机关应当于受理当日办理变更税务登记。 2. 注销税务登记：纳税人发生解散、破产、撤销以及其他情形，依法终止纳税义务的，应当在向市场监督管理机关或者其他机关办理注销登记前，持有关证件和资料向原税务登记机关申报办理注销税务登记
停业、复业登记	1. 实行定期定额征收方式的个体工商户需要停业的，应当在停业前向税务机关申报办理停业登记。（特定主体）

续表

要点	具体规定
停业、复业登记	2. 纳税人的停业期限不得超过一年。(停业期限) 3. 纳税人应当于恢复生产、经营之前，向税务机关申报办理复业登记。(复业登记) 提示 纳税人在停业期间发生纳税义务的，应当按照规定申报缴纳税款
非正常户处理	1. 纳税人负有纳税申报义务，但连续三个月所有税种均未进行纳税申报的，税收征管系统自动将其认定为非正常户，并停止其发票领用簿和发票的使用。 2. 对欠税的非正常户，税务机关依规追征税款及滞纳金。 3. 已认定为非正常户的纳税人，就其逾期未申报行为接受处罚、缴纳罚款，并补办纳税申报的，税收征管系统自动解除非正常状态，无须纳税人专门申请解除

要点3　经营地点变化涉及变更税务登记或注销税务登记

具体情形		登记种类
纳税人改变住所或经营地点	不涉及主管税务机关变动的	变更税务登记
	涉及主管税务机关变动的	向原税务登记机关申报办理注销税务登记，并在30日内向迁达地主管税务登记机关申报办理税务登记

学习心得

要点4 账簿、凭证管理

要点	具体规定	
账簿、凭证管理	设账要求及设账期限	1. 从事生产、经营的纳税人：应当自领取营业执照或者发生纳税义务之日起15日内设置账簿。 2. 扣缴义务人：应当自税收法律、行政法规规定的扣缴义务发生之日起10日内设置扣缴税款账簿
	备案制度	自领取税务登记证起15日内，将财务、会计制度和具体的财务、会计处理办法报送税务机关备案（两个备案）
	账簿、凭证的保管	除另有规定者外，涉税资料应当保存10年
发票管理	基本规定	国务院税务主管部门统一负责全国的发票管理工作。省、自治区、直辖市税务机关依据职责做好本行政区域内的发票管理工作。发票的种类、联次、内容、编码规则、数据标准、使用范围等具体管理办法由国务院税务主管部门规定。对违反发票管理法规的行为，任何单位和个人可以举报。税务机关应当为检举人保密，并酌情给予奖励

续表

要点	具体规定	
发票管理	发票领用管理	1. 需要领用发票的单位和个人，应当持设立登记证件或者税务登记证件，以及经办人身份证明，向主管税务机关办理发票领用手续。领用纸质发票的，还应当提供按照国务院税务主管部门规定式样制作的发票专用章的印模。主管税务机关根据领用单位和个人的经营范围、规模和风险等级，在5个工作日内确认领用发票的种类、数量以及领用方式。 2. 需要临时使用发票的单位和个人，可以凭购销商品、提供或者接受服务以及从事其他经营活动的书面证明、经办人身份证明，直接向经营地税务机关申请代开发票。依照税收法律、行政法规规定应当缴纳税款的，税务机关应当先征收税款，再开具发票。税务机关根据发票管理的需要，可以按照国务院税务主管部门的规定委托其他单位代开发票。禁止非法代开发票。 3. 临时到本省、自治区、直辖市以外从事经营活动的单位或者个人，应当凭所在地税务机关的证明，向经营地税务机关领用经营地的发票

续表

<table>
<tr><th>要点</th><th colspan="2">具体规定</th></tr>
<tr><td rowspan="3">发票管理</td><td>发票开具和保管</td><td>1. 所有单位和从事生产、经营活动的个人在购买商品、接受服务以及从事其他经营活动支付款项，应当向收款方取得发票。取得发票时，不得要求变更品名和金额。
2. 不符合规定的发票，不得作为财务报销凭证，任何单位和个人有权拒收。
3. 开具发票应当按照规定的时限、顺序、栏目，全部联次一次性如实开具，开具纸质发票应当加盖发票专用章</td></tr>
<tr><td>“虚开发票”行为的认定。（重要）</td><td>1. 为他人、为自己开具与实际经营业务情况不符的发票。
2. 让他人为自己开具与实际经营业务情况不符的发票。
3. 介绍他人开具与实际经营业务情况不符的发票</td></tr>
<tr><td>依规使用发票，不得有的行为（重要）</td><td>1. 转借、转让、介绍他人转让发票、发票监制章和发票防伪专用品。
2. 知道或者应当知道是私自印制、伪造、变造、非法取得或者废止的发票而受让、开具、存放、携带、邮寄、运输。</td></tr>
</table>

续表

要点	具体规定	
发票管理	依规使用发票，不得有的行为（重要）	3. 拆本使用发票。 4. 扩大发票使用范围。 5. 以其他凭证代替发票使用。 6. 窃取、截留、篡改、出售、泄露发票数据
	服务与监管要求	1. 除国务院税务主管部门规定的特殊情形外，纸质发票限于领用单位和个人在本省、自治区、直辖市内开具。 2. 除国务院税务主管部门规定的特殊情形外，任何单位和个人不得跨规定的使用区域携带、邮寄、运输空白发票。禁止携带、邮寄或者运输空白发票出入境。 3. 开具发票的单位和个人应当建立发票使用登记制度，配合税务机关进行身份验证，并定期向主管税务机关报告发票使用情况。 4. 开具发票的单位和个人应当在办理变更或者注销税务登记的同时，办理发票的变更、缴销手续。 5. 开具发票的单位和个人应当按照国家有关规定存放和保管发票，不得擅自损毁

续表

要点	具体规定
税控管理	不能按照规定安装、使用税控装置，损毁或者擅自改动税控装置的，由税务机关责令限期改正，可以处以2 000元以下的罚款；情节严重的，处2 000元以上1万元以下的罚款

学习心得

要点⑤ 纳税申报管理

纳税申报，是指纳税人按照税法规定的期限和内容，向税务机关提交有关纳税事项书面报告的法律行为。

要点	具体规定
申报对象	包括纳税人和扣缴义务人。 提示1 纳税人在纳税期内没有应纳税款的，应按规定办理纳税申报。（零申报） 提示2 享受减免税待遇的纳税人，在减免税期间应当按照规定办理纳税申报
申报的期限	1. 不同税种均有具体的纳税申报期限的规定。 2. 税务机关结合纳税人生产经营的实际情况及其所应缴纳的税种等相关问题予以确定的。 提示 上述两种期限，具有同等的法律效力
申报的方式	包括直接申报、邮寄申报、数据电文申报。实行定期定额缴纳税款的纳税人，可以实行简易申报、简并征期等纳税申报方式

续表

要点	具体规定
延期申报	1. 纳税人因有特殊情况，经县以上税务机关核准，可以延期申报。但应当在规定的期限内向税务机关提出书面延期申请，经税务机关核准，在核准的期限内办理。 2. 经核准延期办理纳税申报的，应当在纳税期内按照上期实际缴纳的税额或者税务机关核定的税额预缴税款，并在核准的延期内办理纳税结算。 提示 延期申报，不同于延期纳税

学习心得

要点⑥ 延期缴纳税款制度

要点	具体规定
原因	纳税人因有特殊困难，不能按期缴纳税款的，可以延期缴纳税款
特殊困难	1. 因不可抗力，导致纳税人发生较大损失，正常生产经营活动受到较大影响的。 2. 当期货币资金在扣除应付职工工资、社会保险费后，不足以缴纳税款的
申请	在规定期限内纳税人提出书面申请
批准机关	税款的延期缴纳，必须经省级税务局批准，方为有效
延期期限	延期期限最长不得超过3个月，同一笔税款不得滚动审批。批准延期内免予加收滞纳金

提示 学员应注意辨析“延期申报”和“延期纳税”的差异。

要点 7 税收滞纳金征收制度

要点	具体规定
基本规定	纳税人未按照规定期限缴纳税款的，扣缴义务人未按照规定期限解缴税款的，税务机关除责令限期缴纳外，从滞纳税款之日起，按日加收滞纳税款0.5‰的滞纳金
计算公式	滞纳金 = 滞纳税款 × 滞纳天数 × 0.5‰
滞纳天数的确定	法律、行政法规规定或者税务机关依照法律、行政法规的规定确定的税款缴纳期限届满次日起至纳税人、扣缴义务人实际缴纳或者解缴税款之日止
特殊规定	对纳税人、扣缴义务人、纳税担保人应缴纳的欠税及滞纳金不再要求同时缴纳，可以先行缴纳欠税，再依法缴纳滞纳金

要点⑧ 税收保全措施（预防）

要点	具体规定
基本规定	税务机关有根据认为从事生产、经营的纳税人有逃避纳税义务行为的，可以在规定的纳税期之前，责令限期缴纳税款；在限期内发现纳税人有明显的转移、隐匿其应纳税的商品、货物以及其他财产迹象的，税务机关应责令其提供纳税担保（可理解为“进一步”）
具体措施	经县以上税务局（分局）局长批准，税务机关可以采取下列税收保全措施。 1. 书面通知纳税人开户银行或者其他金融机构，“冻结”纳税人的金额相当于应纳税款的存款。 2. “扣押、查封”纳税人的价值相当于应纳税款的商品、货物或者其他财产
保全的范围	1. 个人及其所扶养家属维持生活必需的住房和用品以及单价 5 000 元以下的其他生活用品，不在税收保全措施的范围之内。 2. 生活必需的住房和用品，不包括机动车辆、金银饰品、古玩字画、豪华住宅或者一处以外的住房

提示1 纳税人按期限缴纳了税款的，税务机关应当自收到税款或银行转回的完税凭证之日起1日内解除税收保全。

提示2 税收保全措施期限一般不超过6个月；重大案件需要延长的，应当报国家税务总局批准。

学习心得

要点⑨ 税收强制执行措施（补救）

要点	具体规定
概念	税收强制执行措施，是指当事人不履行法律、行政法规规定的义务，有关国家机关采用法定的强制手段，强迫当事人履行义务的行为。 提示 税务机关采取税收强制执行措施时，必须坚持告诫在先的原则
基本规定	从事生产、经营的纳税人、扣缴义务人未按照规定的期限缴纳或者解缴税款，纳税担保人未按照规定的期限缴纳所担保的税款，由税务机关责令限期缴纳，逾期仍未缴纳的，经县以上税务局（分局）局长批准，税务机关可以采取下列强制执行措施： （1）书面通知其开户银行或其他金融机构从其存款中“扣缴”税款。 （2）扣押、查封、依法“拍卖或变卖”其价值相当于应纳税款的商品、货物或其他财产，以拍卖或者变卖所得抵缴税款。 提示1 扣押、查封、拍卖或者变卖被执行人的商品、货物或者其他财产，应当以应纳税额和滞纳金等为限。个人及其所扶养家属维持生活必需的住房和用品，不在强制执行措施的范围之内。

续表

要点	具体规定
基本规定	提示2 扣押、查封、拍卖，以拍卖所得抵缴税款、滞纳金、罚款以及扣押、查封、保管、拍卖等费用。剩余部分应当在3日内退还被执行人

1. 与税收保全措施的关系。

税收强制执行措施之前不一定有税收保全措施做铺垫，而税收保全措施的结果也不一定就是税收强制执行措施。

2. 与税收保全措施对比。

（1）相同点：对于纳税人本人及其所扶养家属维持生活必需的住房和用品以及单价5 000元以下的其他生活用品，应当予以保留，不得采取税收保全和强制执行措施。

（2）不同点：一是税收保全措施仅适用于从事生产经营的纳税人，不包括扣缴义务人和纳税担保人；税收强制执行措施适用于纳税人、扣缴义务人和纳税担保人。二是税收保全措施不包括滞纳金；税收强制执行措施包括滞纳金

要点⑩　税款的退还和追征制度

要点	具体规定	
税款的退还	税务机构发现	纳税人超过应纳税额缴纳的税款，税务机关发现后应当立即退还
	纳税人发现	纳税人自结算缴纳税款之日起 3 年内发现的，可以向税务机关要求退还多缴的税款并加算银行同期存款利息，税务机关及时查实后应当立即退还
税款的追征（补征）	税务机构的责任	因税务机关的责任，致使纳税人、扣缴义务人未缴或者少缴税款的，税务机关在 3 年内可要求纳税人、扣缴义务人补缴税款，但是不得加收滞纳金
	纳税人失误	因纳税人、扣缴义务人计算等失误，未缴或者少缴税款的，税务机关在 3 年内可以追征税款、滞纳金；有特殊情况的追征期可以延长到 5 年

续表

要点	具体规定
税款的追征（补征）	提示1 特殊情况，是指纳税人或者扣缴义务人因计算错误等失误，未缴或者少缴、未扣或者少扣、未收或者少收税款，累计数额在 10 万元以上的。 提示2 纳税人违法：对逃避缴纳税款、抗税、骗税的，税务机关追征其未缴或者少缴的税款、滞纳金或者所骗取的税款，不受前款规定期限的限制

关税法律制度与《税收征收管理法》相关规定对比。

1. 关税的补征期为 1 年，追征期为 3 年。
2. 《税收征收管理法》规定补征期为 3 年，追征期为 3 年、5 年、无限期

学习心得

要点 11 法律责任

要点	具体规定
虚假申报	纳税人编造虚假计税依据的，由税务机关责令限期改正，并处 50 000 元以下的罚款
不进行申报	纳税人不申报，不缴或少缴应纳税款的，由税务机关追缴其不缴或少缴的税款、滞纳金，并处不缴或少缴税款 50% 以上 5 倍以下的罚款
逃税的行政处罚	对纳税人逃避缴纳税款的，由税务机关追缴其不缴或者少缴的税款、滞纳金，并处不缴或者少缴的税款 50% 以上 5 倍以下的罚款；构成犯罪的，依法追究刑事责任
欠税的行政处罚	由税务机关追缴欠缴的税款、滞纳金，并处欠缴税款 50% 以上 5 倍以下的罚款；构成犯罪的，依法追究刑事责任
骗税的行政处罚	由税务机关追缴其骗取的退税款，并处骗取税款 1 倍以上 5 倍以下的罚款；构成犯罪的，依法追究刑事责任。 提示 骗取国家出口退税款的，税务机关可以在规定期间内停止为其办理出口退税（税务行政处罚之一）

续表

要点	具体规定
抗税的行政处罚	情节轻微，未构成犯罪的，由税务机关追缴其拒缴的税款、滞纳金，并处拒缴税款 1 倍以上 5 倍以下的罚款
违反“税务代理”的法律责任	税务代理人违反税收法律、行政法规，造成纳税人未缴或者少缴税款的，除由“纳税人”缴纳或者补缴应纳税款、滞纳金外，对“税务代理人”处纳税人未缴或者少缴税款 50% 以上 3 倍以下的罚款。 提示 扣缴义务人应扣未扣、应收未收税款的，由税务机关向“纳税人”追缴税款，对扣缴义务人处应扣未扣、应收未收税款 50% 以上 3 倍以下的罚款

学习心得

要点 12　纳税担保

要点	具体规定	
纳税担保	概念	纳税担保，是指经税务机关同意或确认，纳税人或其他自然人、法人、经济组织（第三人）以保证、抵押、质押的方式，为纳税人应当缴纳的税款及滞纳金提供担保的行为
	纳税担保范围	包括税款、滞纳金和实现税款、滞纳金的费用。 提示 费用包括抵押、质押登记费用，质押保管费用，以及保管、拍卖、变卖担保财产等相关费用支出
	适用纳税担保的情形	纳税人有下列情况之一的，适用纳税担保： （1）税务机关有根据认为从事生产、经营的纳税人有逃避纳税义务行为，在规定的纳税期之前经责令其限期缴纳应纳税款，在限期内发现纳税人有明显的转移、隐匿其应纳税的商品、货物以及其他财产或者应纳税收入的迹象，责成纳税人提供纳税担保的。（税收保全措施） （2）欠缴税款、滞纳金的纳税人或者其法定代表人需要出境的。 （3）纳税人同税务机关在纳税上发生争议而未缴清税款，需要申请行政复议的

续表

<table>
<tr><th>要点</th><th colspan="2">具体规定</th></tr>
<tr><td>纳税担保</td><td colspan="2">提示 用于纳税担保的财产、权利的价值，不得低于应当缴纳的税款、滞纳金，并考虑相关的费用</td></tr>
<tr><td rowspan="2">纳税保证</td><td>纳税保证人</td><td>有以下情形之一的，不得作为纳税保证人：
（1）有偷税、抗税、骗税、逃避追缴欠税行为被税务机关、司法机关追究过法律责任未满 2 年的。
（2）因有税收违法行为正在被税务机关立案处理或涉嫌刑事犯罪，被司法机关立案侦查的。
（3）纳税信誉等级被评为 C 级以下的。
（4）在主管税务机关所在地的市（地、州）没有住所的自然人，或税务登记不在本市（地、州）的企业。
（5）无民事行为能力或限制民事行为能力的自然人。
（6）与纳税人存在担保关联关系的。
（7）有欠税行为的</td></tr>
<tr><td>纳税保证责任</td><td>纳税人和纳税保证人对所担保的税款及滞纳金承担连带责任</td></tr>
</table>

续表

<table>
<tr><th>要点</th><th colspan="3">具体规定</th></tr>
<tr><td rowspan="5">纳税保证</td><td rowspan="3">纳税保证时限</td><td>纳税担保的生效</td><td>纳税担保书须经纳税人、纳税保证人签字盖章并经税务机关签字盖章同意方为有效。纳税担保从税务机关在纳税担保书签字盖章之日起生效</td></tr>
<tr><td>保证期间</td><td>保证期间为纳税人应缴纳税款期限届满之日起 60 日内，即税务机关自纳税人应缴纳税款的期限届满之日起 60 日内有权要求纳税保证人承担保证责任，缴纳税款、滞纳金</td></tr>
<tr><td>履行保证责任的期限</td><td>履行保证责任的期限为 15 日，即纳税保证人应当自收到税务机关的纳税通知书之日起 15 日内履行保证责任，缴纳税款及滞纳金</td></tr>
<tr><td>保证责任免除</td><td colspan="2">纳税保证期间内，税务机关未通知纳税保证人缴纳税款及滞纳金以承担担保责任的，纳税保证人免除担保责任</td></tr>
<tr><td colspan="3">提示 纳税保证，税务机关认可的，保证成立；税务机关不认可的，保证不成立</td></tr>
</table>

续表

要点	具体规定
纳税抵押	下列财产不得抵押：（8 项） （1）土地所有权。 （2）土地使用权。（可抵押范围规定的除外） （3）学校、幼儿园、医院等以公益为目的的事业单位、社会团体、民办非企业单位的教育设施、医疗卫生设施和其他社会公益设施。 （4）所有权、使用权不明或者有争议的财产。 （5）依法被查封、扣押、监管的财产。 （6）依法定程序确认为违法、违章的建筑物。 （7）法律、行政法规规定禁止流通的财产或者不可转让的财产。 （8）经设区的市、自治州以上税务机关确认的其他不予抵押的财产。 提示 纳税人逾期未缴清税款及滞纳金的，税务机关有权依法处置该财产以抵缴税款及滞纳金
纳税质押	1. 动产质押，包括现金以及其他除不动产以外的财产提供的质押。 2. 权利质押，包括汇票、支票、本票、债券、存款单等权利凭证提供的质押

要点⑬ 涉税专业服务监管办法与基本准则（试行）（新增）

要点	具体规定
涉税专业服务监管基本规定	1. 税务机关对涉税专业服务机构在中华人民共和国境内从事涉税专业服务进行监管。 2. 涉税专业服务机构可以从事下列涉税业务： （1）纳税申报代理。 （2）一般税务咨询。 （3）专业税务顾问。 （4）税收策划。 （5）涉税鉴证。 （6）纳税情况审查。 （7）其他税务事项代理。 （8）其他涉税服务。 3. 税务机关应当对税务师事务所实施行政登记管理。未经行政登记不得使用“税务师事务所”名称，不能享有税务师事务所的合法权益。 4. 涉税专业服务机构及其涉税服务人员有下列情形之一的，由税务机关责令限期改正或予以约谈；逾期不改正的，由税务机关降低信用等级或纳入信用记录，暂停

续表

要点	具体规定
涉税专业服务监管基本规定	受理所代理的涉税业务（暂停时间不超过六个月）；情节严重的，由税务机关纳入涉税服务失信名录，予以公告并向社会信用平台推送，其所代理的涉税业务，税务机关不予受理： （1）使用税务师事务所名称未办理行政登记的。 （2）未按照办税实名制要求提供涉税专业服务机构和从事涉税服务人员实名信息的。 （3）未按照业务信息采集要求报送从事涉税专业服务有关情况的。 （4）报送信息与实际不符的。 （5）拒不配合税务机关检查、调查的。 （6）其他违反税务机关监管规定的行为。 税务师事务所有上述第一项情形且逾期不改正的，省税务机关应当提请市场监管部门吊销其营业执照。 5. 涉税专业服务机构及其涉税服务人员有下列情形之一的，由税务机关列为重点监管对象，降低信用等级或纳入信用记录，暂停受理所代理的涉税业务（暂停时间不超过六个月）；情节较重的，由税务机关纳入涉税服务失信名录，予以公告并向社会信用平台推送，其所代理的涉税业务，税务机关不予受理；情节严重的，其

续表

要点	具体规定
涉税专业服务监管基本规定	中，税务师事务所由省税务机关宣布《税务师事务所行政登记证书》无效，提请市场监管部门吊销其营业执照，提请全国税务师行业协会取消税务师职业资格证书登记、收回其职业资格证书并向社会公告，其他涉税服务机构及其从事涉税服务人员由税务机关提请其他行业主管部门及行业协会予以相应处理： （1）违反税收法律、行政法规，造成委托人未缴或者少缴税款，按照《中华人民共和国税收征收管理法》及其实施细则相关规定被处罚的。 （2）未按涉税专业服务相关业务规范执业，出具虚假意见的。 （3）采取隐瞒、欺诈、贿赂、串通、回扣等不正当竞争手段承揽业务，损害委托人或他人利益的。 （4）利用服务之便，谋取不正当利益的。 （5）以税务机关和税务人员的名义敲诈纳税人、扣缴义务人的。 （6）向税务机关工作人员行贿或者指使、诱导委托人行贿的。 （7）其他违反税收法律法规的行为。 6. 税务机关所需的涉税专业服务，应当通过政府采购方式购买

续表

要点	具体规定
涉税专业服务信用评价管理	1. 国家税务总局主管全国涉税专业服务信用管理工作。省以下税务机关负责所辖地区涉税专业服务信用管理工作的组织和实施。 2. 涉税专业服务管理信息库依托金税三期应用系统，从以下渠道采集信用信息： （1）涉税专业服务机构和从事涉税服务人员报送的信息。 （2）税务机关税收征管过程中产生的信息和涉税专业服务监管过程中产生的信息。 （3）其他行业主管部门和行业协会公开的信息。 提示 涉税专业服务机构跨区域从事涉税专业服务的相关信用信息，归集到机构所在地。 3. 涉税专业服务机构信用积分为评价周期内的累计积分，按月公告，下一个评价周期重新积分。评价周期为每年1月1日至12月31日。 4. 税务机关对涉税专业服务机构和从事涉税服务人员违反《涉税专业服务监管办法（试行）》第十四条、第十五条规定的情形进行分类处理。属于严重违法违规情形的，纳入涉税服务失信名录，期限为2年，到期自动解除。 5. 对达到TSC4级、TSC3级的涉税专业服务机构，税务机关实施正常管理，适时进行税收政策辅导，并视信用积分变化，选择性地提供激励措施。对涉税专业服务信用等级为TSC2级、TSC1级的涉税专业服务机构，税务机关采取以下措施：

续表

要点	具体规定
涉税专业服务信用评价管理	（1）实行分类管理，对其代理的纳税人税务事项予以重点关注。 （2）列为重点监管对象。 （3）向其委托方纳税人主管税务机关推送风险提示。 （4）涉税专业服务协议信息采集，必须由委托人、受托人双方到税务机关现场办理
涉税专业服务基本准则	1. 涉税专业服务机构是指税务师事务所和从事涉税专业服务的会计师事务所、律师事务所、代理记账机构、税务代理公司、财税类咨询公司等机构。涉税服务人员是指在涉税专业服务机构中从事涉税专业服务的人员。 2. 涉税专业服务包括纳税申报代理、一般税务咨询、专业税务顾问、税收策划、涉税鉴证、纳税情况审查、其他税务事项代理、发票服务和其他涉税服务等。 3. 涉税专业服务机构及其涉税服务人员应当拥护中国共产党领导，坚持正确政治方向。 4. 涉税专业服务机构及其涉税服务人员应当诚实守信、正直自律、勤勉尽责，遵守职业道德，维护行业形象。 5. 从事涉税专业服务应当遵循独立、客观、公正、规范原则。 6. 涉税专业服务机构应当通过以下判断确定是否承接业务： （1）委托方的委托目的是否合法合理。

续表

要点	具体规定
涉税专业服务基本准则	(2) 委托事项所属的业务类别。 (3) 承接专业税务顾问、税收策划、涉税鉴证、纳税情况审查业务的，是否具备相应的资质。 (4) 承接涉税鉴证和纳税情况审查业务是否符合独立性原则。 (5) 是否具备承接该业务的专业胜任能力。 7. 涉税专业服务机构应当根据承接业务内容委派具备专业胜任能力的人员执行业务，根据业务需要可以聘请外部专家。委派的人员和聘请的外部专家应当符合执业要求和回避制度。 8. 专业税务顾问、税收策划、涉税鉴证和纳税情况审查四类业务成果，应当由承办业务的税务师、注册会计师或者律师签章。 9. 涉税专业服务机构应当建立档案管理制度，保障电子或纸质档案安全，按照法律法规规定合理确定档案保管期限，最低不少于10年
涉税专业服务职业道德	从事涉税专业服务应当诚实守信、正直自律、勤勉尽责

第十四章　税务行政法制

本章要点提示

考情解读

根据历年考情分析，本章只考核客观题，不会考核主观题，分值在2.5分左右。其中，税务行政处罚的程序、执行，税务行政复议的范围、机构、管辖、审查、决定，税务行政诉讼的起诉、受理为本章高频考点。

备考指南

本章主要介绍了税务行政处罚、税务行政复议、税务行政诉讼三个知识点。考试以记忆性考核为主，整体而言本章在理解的基础上并无难点。

教材变化

2024年本章调整内容：

（1）删除了税务行政处罚权力清单。

（2）调整了重大税务案件的范围。

要点1 税务行政处罚的概念、设定、种类、主体、管辖

要点	具体内容
概念	税务行政处罚，是指公民、法人或其他组织有违反税收征收管理秩序的违法行为，尚未构成犯罪，依法应当承担行政责任的，由税务机关给予行政处罚
设定	1. 全国人大及其常委会，可以通过法律的形式设定各种税务行政处罚。 2. 国务院，可以通过行政法规的形式设定除限制人身自由以外的税务行政处罚。 3. 国家税务总局制定的规章： （1）尚未制定法律、行政法规的，国家税务总局可通过规章的形式设定警告、通告批评或一定数额的行政处罚。 （2）尚未制订法律、行政法规，因行政管理迫切需要依法先以部门规章设定罚款的，设定的罚款数额最高不得超过10万元，且不得超过法律、行政法规对相似违法行为的罚款数额，涉及公民生命健康安全、金融安全且有危害后果的，设定罚款数额最高不得超过20万元；超过上述限额的，要报国务院批准。 提示 罚款的限额由国务院规定。税务局及其以下各级税务机关，可以通过规范性文件对税务行政处罚作出具体规定，是执法行为，不是对税务行政处罚的设定

续表

要点	具体内容
种类	税务行政处罚种类如下：（1）罚款；（2）没收财物违法所得；（3）停止出口退税权；（4）法律、法规和规章规定的其他行政处罚
主体	1. 税务行政处罚的实施主体，主要是县以上税务机关。 2. 各级税务机关的内设机构、派出机构不具有处罚主体资格。 3. “税务所”可以实施罚款额在2 000元以下的税务行政处罚。 提示 “税务所”也可成为限定条件下的税务行政处罚主体，这是《税收征收管理法》对“税务所”的特别授权
管辖	税务行政处罚实行行为发生地原则，由当事人税收违法行为发生地的县（市、旗）以上税务机关管辖

要点② 税务行政处罚的程序与执行

要点	具体规定		
简易程序	概念		是指税务机关及其执法人员对于公民、法人或者其他组织违反税收征收管理秩序的行为，当场作出税务行政处罚决定
简易程序	适用条件		1. 案情简单、事实清楚、违法后果比较轻微且有法定依据应当给予处罚的违法行为。其基本特征是当场填写《税务行政处罚决定书》。 2. 给予的处罚较轻，仅适用于对公民处以 50 元以下和对法人或者其他组织处以 1 000 元以下“罚款”的违法案件。 提示 特点是当场作出处罚决定，但不一定当场交罚款。罚款金额不涉及听证程序，但可以涉及税务行政复议、诉讼程序
一般程序	包括立案、调查取证（有的案件要举行听证）、审查、决定、执行程序		
一般程序	听证	概念	是指税务机关在对当事人某些违法行为作出处罚决定之前，按照一定形式听取调查人员和当事人意见的程序
一般程序	听证	范围	是对“公民”作出 2 000 元以上或者对“法人或其他组织”作出 10 000 元以上“罚款”的案件

续表

要点	具体规定
执行	税务机关对当事人作出罚款行政处罚决定的，当事人应当在收到行政处罚决定书之日起15日内缴纳罚款，到期不缴纳的，税务机关可以对当事人每日按罚款数额的3%加处罚款

学习心得

要点3 税务行政复议的（受案）范围、机构

要点	具体规定
适用复议“前置”的范围	税务机关作出的征税行为。 1. 确认纳税主体、征税对象、征税范围、减税、免税、退税、抵扣税款、适用税率、计税依据、纳税环节、纳税期限、纳税地点以及税款征收方式等具体行政行为。 2. 征收税款、加收滞纳金。 3. 扣缴义务人、受税务机关委托的单位和个人作出的代扣代缴、代收代缴、代征行为等
适用复议“选择”的范围	1. 行政许可、行政审批行为。 2. 发票管理行为，包括发售、收缴、代开发票等。 3. 税收保全措施、强制执行措施。 4. 税务机关作出的税务行政处罚行为，包括罚款、没收财物和违法所得、停止出口退税权。 5. 不依法履行职责的行为，包括颁发税务登记；开具、出具完税凭证、外出经营活动税收管理证明；行政赔偿；行政奖励；其他不依法履行职责的行为。 6. 资格认定行为。

续表

要点	具体规定
适用复议“选择”的范围	7. 不依法确认纳税担保行为。 8. 政府信息公开工作中的具体行政行为。 9. 纳税信用等级评定行为。 10. 通知出入境管理机关阻止出境行为
具体行政行为所依据的规定	申请人认为税务机关的具体行政行为所依据的下列规定不合法，对具体行政行为申请行政复议时，可以一并向复议机关提出对有关规定的审查申请。 1. 国家税务总局和国务院其他部门的规定。 2. 其他各级税务机关的规定。 3. 地方各级人民政府的规定。 4. 地方人民政府工作部门的规定。 提示 前款中的规定，不包括规章
复议机构和人员	1. 各级行政复议机关负责法制工作的机构（简称“行政复议机构”）依法办理行政复议事项。 2. 税务机关中初次从事行政复议的人员，应当通过国家统一法律职业资格考试取得法律职业资格。 提示 考生应注意辨析“行政复议机关”与“行政复议机构”的差异

要点4 税务行政复议的管辖

要点	具体规定
一般规定	1. 对各级税务局的具体行政行为不服的，向其上一级税务局申请行政复议。 2. 对计划单列市税务局的具体行政行为不服的，向国家税务总局申请行政复议。 3. 对税务所（分局）、各级税务局的稽查局的具体行政行为不服的，向其所属税务局申请行政复议。 4. 对国家税务总局的具体行政行为不服的，向国家税务总局申请行政复议。对行政复议决定不服，申请人可以向人民法院提起行政诉讼，也可以向国务院申请裁决。国务院的裁决为最终裁决
特殊规定	1. 对两个以上税务机关以共同的名义作出的具体行政行为不服的，向共同上一级税务机关申请行政复议。 2. 对税务机关与其他行政机关以共同的名义作出的具体行政行为不服的，向其共同上一级行政机关申请行政复议。

续表

要点	具体规定
特殊规定	3. 对被撤销的税务机关在撤销以前所作出的具体行政行为不服的，向继续行使其职权的税务机关的上一级税务机关申请行政复议。 4. 对税务机关作出逾期不缴纳罚款“加处罚款”的决定不服的，向作出行政处罚决定的税务机关申请行政复议；但是对已处罚款和加处罚款都不服的，一并向作出行政处罚决定的税务机关的上一级税务机关申请行政复议

提示 申请人向具体行政行为发生地的县级地方人民政府提交行政复议申请的，由接受申请的县级地方人民政府依照有关规则予以转送。

学习心得

要点5 税务行政复议的申请人和被申请人

要点	具体规定
申请人	1. 合伙企业，以核准登记的企业为申请人。 2. 股份制企业的股东大会、股东代表大会、董事会认为税务具体行政行为侵犯企业合法权益的，以企业的名义申请行政复议。 3. 有权申请行政复议的公民死亡，近亲属可以申请行政复议。 4. 有权申请行政复议的公民为无行为能力人或者限制行为能力人，法定代理人可以代理申请行政复议。 5. 有权申请行政复议的法人或者其他组织发生合并、分立或终止的，承受其权利义务的法人或者其他组织可以申请行政复议

提示1 同一行政复议案件申请人超过5人的，应当推选1－5名代表参加行政复议。

提示2 申请人可以委托1－2名代理人参加行政复议。

提示3 被申请人不得委托本机关以外人员参加行政复议

续表

要点	具体规定
被申请人	1. 对具体行政行为不服的，作出该具体行政行为的税务机关为被申请人。 2. 对扣缴义务人的扣缴税款行为不服的，主管该扣缴义务人的税务机关为被申请人；对委托的单位和个人的代征行为不服的，委托税务机关为被申请人。 3. 税务机关与法律、法规授权的组织以共同的名义作出具体行政行为的，税务机关和法律、法规授权的组织为共同被申请人。 4. 税务机关与其他组织以共同名义作出具体行政行为的，税务机关为被申请人。 5. 税务机关依照规定，经上级税务机关批准作出具体行政行为的，批准机关为被申请人。 6. 对经重大税务案件审理程序作出的决定不服的，审理委员会所在税务机关为被申请人。 7. 税务机关设立的派出机构、内设机构或者其他组织，未经法律、法规授权，以自己名义对外作出具体行政行为的，税务机关为被申请人

提示1　被申请人不得委托本机关以外人员参加行政复议。

提示2　申请人、第三人可以委托1－2名代理人参加行政复议。

要点6 税务行政复议的申请、受理、证据

要点	具体规定
申请	1. 申请人可以在知道税务机关作出具体行政行为之日起60日内，提出行政复议申请。申请期限的计算，依照下列规定办理： （1）当场作出具体行政行为的，自具体行政行为作出之日起计算。 （2）载明具体行政行为的法律文书直接送达的，自受送达人签收之日起计算。 （3）载明具体行政行为的法律文书邮寄送达的，自受送达人在邮件签收单上签收之日起计算；没有邮件签收单的，自受送达人在送达回执上签名之日起计算。 （4）具体行政行为依法通过公告形式告知受送达人的，自公告规定的期限届满之日起计算。 （5）税务机关作出具体行政行为时未告知申请人，事后补充告知的，自该申请人收到税务机关补充告知的通知之日起计算。 （6）被申请人能够证明申请人知道具体行政行为的，自证据材料证明其知道具体行政行为之日起计算。税务机关作出具体行政行为，依法应当向申请人送达法律文书而未送达的，视为该申请人不知道该具体行政行为。 2. 申请行政复议，可以书面申请，也可以口头申请。

续表

要点	具体规定
申请	3. 对“征税行为”的争议，按税务机关规定缴纳税款、滞纳金或提供担保后，才可以申请行政复议。（程序优于实体原则） 4. 对税务机关作出逾期不缴纳罚款加处罚款的决定不服的，应当先缴纳罚款和加处罚款，再申请行政复议。 提示 行政复议已经受理的，法定复议期间不得向人民法院提起行政诉讼；申请人向人民法院提起行政诉讼，法院已经受理的，不得申请行政复议
受理	1. 收到行政复议申请后，应当在5日内进行审查，决定是否受理。 2. 先复议后诉讼的，复议机关不受理或受理后超期不作答复的，申请人可以自收到不予受理决定书之日起或者行政复议期满之日起15日内，依法提起行政诉讼。 提示 行政复议期间具体行政行为不停止执行；但是有下列情形之一的，可以停止执行： （1）被申请人认为需要停止执行的。 （2）行政复议机关认为需要停止执行的。 （3）申请人申请停止执行，行政复议机关认为其要求合理，决定停止执行的。 （4）法律规定停止执行的

续表

要点	具体规定
证据	1. 被申请人对其作出的具体行政行为，负有举证责任。 2. 被申请人不得自行向申请人和其他有关组织或者个人搜集证据。 3. 行政复议机构认为必要时，可以调查取证。调查取证时，行政复议工作人员不得少于2人。 4. 有正当理由超出举证期限提供的证据材料，可以作为定案依据。 5. 需要现场勘查的，勘查时间不计入行政复议审理期限

学习心得

要点⑦　税务行政复议的审查和决定

要点	具体规定	
审查	1. 行政复议机关，应当自受理申请之日起60日内作出行政复议决定。 2. 情况复杂，不能在规定期限内作出行政复议决定的，经行政复议机关负责人批准，可以适当延期，并告知申请人和被申请人；但延长期限最多不超过30日。（60+30） 提示 申请人可以在知道税务机关作出具体行政行为之日起60日内，提出行政复议申请	
决定	具体行政行为认定事实清楚，证据确凿，适用依据正确，程序合法，内容适当	决定维持
	被申请人不履行法定职责的	决定其在一定期限内履行
	具体行政行为有下列情形之一的： （1）主要事实不清、证据不足的。 （2）适用依据错误的。 （3）违反法定程序的。 （4）超越职权或者滥用职权的。 （5）具体行政行为明显不当的。	决定撤销、变更或者确认该具体行政行为违法；决定撤销或者确认该具体行政行为违法的，可以责令被申请人在一定期限内重新作出具体行政行为。

续表

要点	具体规定	
决定	有下列情形之一的： （1）认定事实清楚，证据确凿，程序合法，但是明显不当或者适用依据错误的。 （2）认定事实不清，证据不足，但是经行政复议机关审理查明事实清楚，证据确凿的	行政复议机关可以决定变更

提示 行政复议决定书一经送达，即发生法律效力。

学习心得

要点 8　税务行政诉讼

要点	具体规定
概念	税务行政诉讼，是指公民、法人和其他组织认为税务机关及其工作人员的“具体税务行政行为”违法或者不当，侵犯了其合法权益，依法向人民法院提起行政诉讼，由人民法院对具体税务行政行为的合法性和适当性进行审理并作出裁决的司法活动
特殊性	1. 税务行政诉讼解决的争议，发生在税务行政管理过程中。 2. 被告必须是税务机关，或经法律、法规授权的行使税务行政管理权的组织，而不是其他行政机关或组织。 3. 因税款征纳问题（征税行为）发生的争议，当事人在向人民法院提起行政诉讼前，必须先经税务行政复议程序，即复议前置。（重要） 提示 行政复议和行政诉讼，不能同时进行
（特有）原则	1. 人民法院特定主管原则。 2. 合法性审查原则。（原则上不直接判决变更） 3. 不适用调解原则。

续表

<table>
<tr><th>要点</th><th colspan="2">具体规定</th></tr>
<tr><td>（特有）原则</td><td colspan="2">4. 起诉不停止执行原则。
5. 税务机关负举证责任原则。
6. 由税务机关负责赔偿的原则</td></tr>
<tr><td>受案范围</td><td colspan="2">与税务行政复议受案范围，基本一致。包括各类具体行政行为，但不包括具体行政行为所依据的规定，即抽象行政行为</td></tr>
<tr><td>管辖</td><td colspan="2">中级人民法院管辖的案件，包括：
（1）对国务院部门或县级以上地方人民政府所作的行政行为提起诉讼的案件。
（2）海关处理的案件。
（3）本辖区内重大、复杂的案件</td></tr>
<tr><td>起诉</td><td>一般规定</td><td>1. 起诉权是单向性的权利，税务机关不享有起诉权，只有应诉权，即税务机关只能作为被告；与民事诉讼不同，作为被告的税务机关不能反诉。
2. 对税务机关的征税行为提起诉讼，必须先经过复议；对复议决定不服的，可以在接到复议决定书之日起15日内向人民法院起诉。</td></tr>
</table>

续表

<table>
<tr><th colspan="2">要点</th><th>具体规定</th></tr>
<tr><td rowspan="2">起诉</td><td>一般规定</td><td>3. 对其他具体行政行为不服的，当事人可以在接到通知或者知道之日起15日内直接向人民法院起诉。
提示 税务机关作出具体行政行为时，未告知公民、法人或者其他组织起诉期限的，起诉期限从公民、法人或者其他组织知道或者应该知道起诉期限之日起计算，但从知道或者应当知道行政行为内容之日起最长不得超过1年</td></tr>
<tr><td>起诉方的条件</td><td>在提起税务行政诉讼时，必须（同时）符合下列条件：
（1）原告是认为具体行政行为侵犯其合法权益的公民、法人或者其他组织。
（2）有明确的被告。
（3）有具体的诉讼请求和事实、法律根据。
（4）属于人民法院的受案范围和受诉人民法院管辖</td></tr>
<tr><td colspan="2">受理</td><td>1. 人民法院接到诉状，经过审查，应当在7日内立案或者作出裁定不予受理。
2. 原告对不予受理的裁定不服的，可以提起上诉</td></tr>
</table>

续表

要点	具体规定
重大税务案件的范围（调整）	1. 重大税务行政处罚案件。 2. 根据《重大税收违法案件督办管理暂行办法》督办的案件。 3. 应监察、司法机关要求出具认定意见的案件。 4. 拟移送公安机关处理的案件。 5. 审理委员会成员单位认为案情重大、复杂、需要审理的案件。 6. 其他需要审理委员会审理的案件。 提示 有下列情形之一的案件，不属于重大税务案件审理范围： （1）公安机关已就税收违法行为立案的； （2）公安机关尚未就税收违法行为立案，但被查对象为走逃（失联）企业，并且涉嫌犯罪的； （3）国家税务总局规定的其他情形